悲しむことは生きること

原発事故とPTSD

蟻塚亮二
Aritsuka Ryoji

はじめに

2022年3月11日、仙台に本社を置く『河北新報』の社説は、「東日本大震災11年」と題して「風化にあらがい続けよう」と呼びかけた。

政府主催の追悼式は今年から開かれなくなり、専任だった復興大臣は沖縄・北方担当と兼任になった。しかし今も3万3000人以上が県内外で避難生活を送っており、悲しみや後悔の念と向き合い続けている人々がいる。「心のケア」をおろそかにしてはならない。

廃炉へ向けた作業が本格化するのはこれからだ。原発処理水の海洋放出に対する地元の反発は根強い。今後自然災害は激甚化し、巨大地震の発生も想定される。震災の教訓は継承されているのか。犠牲者の無念や遺族の悲しみは届いているのか。風化にあらがって粘り強く伝え続けていくことは、被災地で生きる私たちの責務だ。

本書を送り届ける理由も、被災地住民の悲しみを伝え、彼らが震災後の人生を生きた証を伝えることにある。

絶対安全だといわれた原発が爆発したとき、ある人は「もう最期だ」と感じ、別の人は「体が溶けるのか、今死ぬのか」と思った。一緒に避難者の救助に当たっていたはずの自衛隊が、放射能のために撤退していった時、残った人々は強烈な見捨てられ体験をした。

そしてつらく苦しい避難が始まった。避難しないという年寄りや肉親と喧嘩して、故郷を出て、ガソリンや食料が尽きそうになり、しかも着いた町では「福島ナンバーだから」とホテルの宿泊を8軒も断られた人もいた。避難先で離婚したり、肉親が亡くなったり、自らもうつ病になったり、「バイキン」呼ばわりされて、つらい体験を山ほど重ねた。本書では、そんなつらかった思いを伝えよう。

震災は肉親や友人知人を失って悲哀の頂点を体験するだけでなく、夫婦や友人や親せきといった身近な集団において、あるいは近隣や職場や地域社会という大きな集団において、それまで表面化しなかった対人関係のずれを露呈させて感情的対立を生んだ。

ある高齢女性は、「震災もつらかったが、震災の後を生きてくるのがもっとつらかった」と言う。震災がなければ順風満帆の人生だったのに、あの日を境に「未来の設計図」がなくなり、この地域のどの人も、未来の見えない「震災の後」を七転八倒して生きることになった。

いま福島県では、不登校や児童虐待が増えている。震災から5年間に、児童虐待は全国平均で2・05倍増えたが、福島県では3・69倍に増加している。このように震災後、若者たちもがけっぷちに追いやられている。2018年度に、20歳以下の若者の自殺率は福島県が全国一になった。その話を伝えよう。

「Tomorrow is another day. これは南北戦争さなかの混沌とした時間を描いた『風と共に去りぬ』の映画の中で、語られるセリフである。先祖伝来の家は燃え、恋人と信じていた人が去り、「明日は明日の風が吹くわよ」「明日は、もっといい日になる」とつぶやきながら、主人公のスカーレット・オハラは畑から土のついた大根を抜いてかじる。振り返ってみて、いったいどれほど多くの福島の女たちが、絶望の淵に立たされて苦しみ、そしてスカーレットのように「生きよう」と決意したことだろう。それを伝えたい。

中国の作家魯迅は、「人は生きねばならない」と言った。そもそも私たちは自分の意思によってこの世に生まれてきたわけではない。生きることによって幸福な日々が約束されているわけでもない。むしろ生きることはつらいことだ。しかし、自分らしく生きようとして転んだり、傷ついたり、挫折したりということは、一生懸命生きている証拠だと魯迅は言う。傷つくことは、よく生きているからだ。そんなふうに、苦しいけれど誠実に生きている人々のことを伝えよう。

第Ⅰ章は福島で起きている震災とそのトラウマについての総論である。被災地では今も「ガンバロー日本、ガンバロー福島」の合唱が続いている。そのため、震災の時の恐怖体験や悲しみをおいそれと口にできない。放射能に対する不安を口にすると、「まだそんな弱音を吐いているのか」と叱られそうな雰囲気が被災地には漂っている。

ところで悲しむことは、悲しみを一緒に悲しんでくれる人がいて可能となる。心が凍り付いている時に、人は悲しんだり泣いたりすることができない。だから悲しむことの前提には人間に対する信頼感がある。それは見えなかった未来が見えることである。だから、「悲しむことは生きること」なのだ。

第Ⅱ章はこの本の中で最もホットなくだりである。当院に通院しておられる仲間たちに体験談を書いていていただいた。当院は被災地支援の目的で作られたが、身体的な訴えや症状の背後にトラウマの影響をいち早く見出すことを心掛けている。それは震災による反応だけでなく、性暴力被害やパニック発作、ヤングケアラー、児童期逆境体験、ＰＴＳＤ、あいまいな喪失など多岐にわたる。彼らの語りを聞くことによって、トラウマが人間に与える影響について知ることができる。

第Ⅲ章「Ｄｒ．ありんこのサバイバル日記」は筆者の体験談である。七六歳まで生きてきた筆者のその時々に目撃した日本社会の貧しさについて書いた。日本という社会は、満蒙開拓や戦後開拓、海外移民、炭鉱労働者と原発作業員など、いつでも切り捨てることの可能な「底辺労働力のプール」を必要とする社会である。あと何十年も生きるわけではないので、この世で体験したことはこの世に書き残そうと思った。やや恥ずかしい。

第Ⅳ章は東北の貧しさと相馬事件について書いた。明治１５０余年の中で、東北は日本の産業革命においていかれ、もっぱら資源や労働力、食料や兵士などの提供基地として位置づけられた。「食えないので」東北から満蒙開拓や海外移民に多くの人々が移住した。東北は都会に労働力と資源を送り続け、都会で消費する電気を送り続けた。東電原発事故は明治以来の東北の貧困が結実した象徴的な事件であった。

明治になって相馬家の当主が精神病を発症して座敷牢及び病院に隔離された。これを当主の財産を狙ってのことだという旧家臣が現れ、全国に知られた御家騒動になった。政府は精神病者監護法を制定し、座敷牢を合法化した。相馬市民にとってこの事件は親戚や友人を対立の渦に容赦なく巻き込んだに違いない。そのような阿鼻叫喚の集合的トラウマであるがゆえに、地域ぐるみで事件のことを語らないことにしたものと推察している。

第Ⅴ章では震災その他からの回復の要点について書いた。何よりも大切なことは、トラウマの体験者に対して、聞く側が「そんなに大変な出来事を体験されたのに、よくここまで生きてこられた」とリスペクトする姿勢である。また、近隣住民との付き合い、地域の伝統芸能や民謡、お祭りなどが、トラウマから守ってくれていることを述べた。これらは地域・環境による「心の被膜」あるいは「環境面からのレジリアンス」と言っていい。だから故郷喪失によって人々は傷つきやすくなる。

第Ⅵ章では、震災から11年が経過して「子どもの心に何が起きているのか」について書いた。フィールドワークなどの実践的な活動をしていないので、あちこちの論文や報告からの推察にとどまった。

2022年の春、予想だにしない膀胱がんが見つかった。歳も歳だし、今回ばかりはマジで死ぬかもしれないと思った。しかし仕事に復帰して、そんなに歳の違わないじいちゃん・ばあちゃんたちから、「先生が生きてないとオレたちが生きていけないよ」と繰り返されて気をとり直した。診療や書類書きに夜まで没頭し、もっぱら週末に原稿を書いた。おかげで5年もかかった。東日本大震災は貞観地震（869年）以来の大地震だと言われた。それなのに昨年も今年も強い地震が繰り返し起こり、天候は不順で新型コロナが流行し、おまけに戦争まで起きるという大変な年だった。まさに「震災後を生きるのはつらかった」。しかし死ぬわけにはいかない。生きつづけることが、被災地の未来を拓くことだから。

蟻塚亮二

悲しむことは生きること

原発事故とPTSD

目次

Ⅲ　Dr. ありんこのサバイバル日記　173

Ⅰ　悲しむことは生きること

福島は現在進行形の不安

2021年2月13日深夜に起きた震度6強の地震は被災地の人々を震えあがらせた。通院患者さんの80代の女性は、それ以来気持ちが落ち込んで「今月いっぱい生きられるかなあ」と言う。いつもは口達者で威勢のいい人なのに、まるでいま破局的な現場から脱出してきた「抜け殻」のようだった。

別の70代男性は、震度6強の地震以来、発汗多量で眠れず、不安で不安でいてもたってもいられないと言う。このお二人のみならず、被災地の人々は10年前の東日本大震災の恐怖体験の記憶が生々しいだけに、今回の地震で容易に精神症状が悪化した。

私が借りている相馬市のアパートも、本棚が倒れ足の踏み場がなくなった。しかしそれよりも「また不意打ちのパンチを食らった」という感があった。気持ちの深いところから無力感がこみ上げ、私も一気に10年前の記憶に連れていかれた。

11年前の東日本大震災は貞観地震（869年）の再来と言われ、1000年に1回の震災と言われた。しかし2021年には2月と3月に大きい余震があり、2022年3月16日にも大きな余震があった。震源地は決まって「福島県沖」。人々は口では言わないが、問えば「またか？」

「どうして、また相馬なのか?」と、10年たっても繰り返す「仕打ち」に心の深いところで衝撃を受けている。

一方、地震のたびに東電福島原発の「安全」を心配するのは癖になった。しかしこれはいつまで続くのだろうか。今回も、地震から5日後に、1号機と3号機の格納容器内部の水位が低下していることが発表された。10年前に壊れた格納容器の破損部分が今回の地震で拡がり、漏れ出る水の量が増えたためであり、このまま水位低下が続く場合には注水量を増やすことを検討しているという。まかり間違って格納容器の致命的な破断が起きたならば、被災地はいつでも破局的な事態になる可能性をはらんでいる。福島の被災地住民の不安は12年たっても現在進行形である。

奇妙な不眠

20年近く前、それまで青森県弘前市で統合失調症の人たちを相手に仕事をしていたが、うつ病になり、もはや仕事ができなくなった。そんな時、琉球大学のH助教授が「地域精神科ケアを熱心にやっていた島成郎《しましげお》先生が亡くなったから、かわりに沖縄に来て地域ケアの仕事をしてくれないか」と声をかけてくださり、2004年に沖縄に移住した。島成郎とは知る人ぞ知る、60年安保の時の全学連書記長。東大医学部卒、国会突入を指揮した。北海道におられたが晩年は沖縄で保健婦を中心にした地域精神科ケアに尽力しておられた。

さて２０１０年12月のことだ。沖縄の総合病院にいたとき、循環器内科のＭ医師が、「どの薬を使っても、何をしても眠れない患者たち」を５人、私の診察に紹介してきた。夜間に頻回に覚醒して、うつ病にありがちな不眠だがうつ気分がない。とりあえず「奇妙な不眠」と名付けた。この「奇妙な不眠」の正体が何なのかわからなかった。

実はその年の夏に、沖縄戦で起きた住民の「集団自決」の体験談をうかがう機会があった。渡嘉敷島の「集団自決」の当事者として那覇市の首里教会で体験談を語ってくださった金城重明牧師のお話に強い衝撃を受け、私は〈戦争と精神〉に関する世界中の論文を集めて読み続けていた。「奇妙な不眠」と出会ったちょうどその頃「ナチス収容所から生還した人々の睡眠障害」（J.Rosen et al. Sleep Disturbances in Survivors of the Nazi Holocaust, Am J Psychiatry, 148:1, 1991）という米国論文を読んでいた。そして「奇妙な不眠」が米国論文のホロコースト生還者の不眠と同じ過覚醒不眠だと気づいた。つまり「奇妙な不眠」はホロコーストや沖縄戦の体験者が晩年に発症したＰＴＳＤ（心的外傷後ストレス障害）のサインだったのだ。「奇妙な不眠の奇妙さ」に気づいていた内科のＭ先生の臨床感覚もすごい。

そこで目の前の患者さんに「沖縄戦の時にはどこにいましたか？」と聞いた。すると、「親とともに死体を踏み越えて逃げた」「妹が米軍機の機銃掃射で撃たれてはらわたを出してウンウンうなりながら24時間して死んだ」「その時のことがまるで切り取ったみたいに頭に浮かんでくる」などの返答があった。かくして私は沖縄戦後60年余を経て発症したＰＴＳＤに遭遇したのである。

その後、うつ病などの診断名で外来に通っていた70歳以上の高齢者について、診断の洗い直しを行った。その結果10カ月で１００人近くの人が、実は沖縄戦のトラウマ（心の傷、心的外傷）に由来する精神症状の持ち主だとわかった（詳細は拙著『沖縄戦と心の傷』参照）。この仕事に没頭していた時に、東日本大震災と原発事故が起きた。個人的には前立腺がんの診断が確定し、治療を始めたころだった。

3・11という日

その日は金曜日で、私は沖縄の病院で午前も午後も外来診療に没頭していた。テレビを見る暇もなく、震災のことは帰宅して知った。それからは何日もテレビにかじりつくことになった。テレビやインターネットを通して見る被災地の様子や人々の姿に泣いた。実はこの日は私の誕生日だった。

5月の日本精神神経学会は総会を取りやめ、半日だけの「震災ワークショップ」になった。壇上の報告と討論が終わって、フロアから意見を求められたのでマイクを握った。

実は、国立精神神経センターのホームページの「放射能災害～心のケア」には、「もしも原発事故が起きて住民がヨード剤を求めてきたときに、いかに断るか」について詳しく書いてあった。このマニュアルは精神神経学会のホームページにも転載され、原子力保安協会の援助によって作成されたとあった。

日本の精神科医のトップ団体が、原発安全神話の立場から「ヨード剤をいかに配らないか」という住民無視のマニュアルを配ることは大問題だ。原発事故は自然災害でなく人災であり、そこには加害者と被害者という係争関係が発生する。そして私たち精神科医は圧倒的多数を占める被害者住民の立場に立たなければならない。だから私たちの学会は原子力ムラの住民となってはいけない、原子力ムラから出なさい、と主張した。パラパラと拍手があった。

しかし意見を述べたのは私だけで、議長たち（慶応大学と群馬大学の教授）も「放射能災害〜心のケア」マニュアルの作成者である壇上のK医師に確認するでもなく終わった。参加者の圧倒的多数は傍観者だった。顔見知りの友人たちが、後ろの方にいてニヤニヤと笑っていた。「よくやるよ」という冷笑だった。多くの精神科医たちは学会の権威に従順で、事なかれ主義だった。ふだんは患者さんの魂に語りかけ、患者さんの「生きる」を励ますはずの精神科医たちが、こんな大切な問題で自分の意見を発表しない態度に「根性なし」「恥を知れ」と思った。

沖縄の高齢者が福島の人たちを救った

沖縄にいた時には、「福島でも沖縄と同じように大地震後50～60年後に高齢者にPTSDが発症するかもしれない」と考えていた。それがまったく見当違いであるとわかったのは、震災から2年後の2013年4月、福島県相馬市の診療所に赴任したその月だった。

津波で母親が流されて父親と仮設住宅で暮らしていた30代の女性が、母方の叔母が亡くなったのを契機に急に眠れなくなり、泣き出し、津波の場面がフラッシュバックして診療所に来られた。沖縄で出会ったのは「晩年発症型」のPTSDであったが、彼女は2年後に発症したPTSDである。

とても怒りっぽくて眠れない男性は、やはりトラウマ反応特有のサインによるものと思われ、単なる人格の問題ではないと思い薬を変えた。すると3カ月後に彼がいわく、「怒りっぽいのがなくなったので、離婚したのに復縁できることになりました」。彼は海の近くに住んでいた母親を救出するために車を走らせ、そのとき胸まで土砂や瓦礫に埋まった女性の姿や、転覆した消防車を見た。その場面がフラッシュバックしてくると言う。さらに原発事故のために家族全員で山形県に避難したが、どこのホテルも「福島ナンバー」だからと泊めてくれなかった。その時の悲しさや無力感が今も忘れられない。そして震災時の映像が頻繁に頭に入ってくるのでいつも苦しく、そんな時に家族に声をかけられると怒鳴り返すのが常だったと言う。

福島の被災地に赴任して、それまでうつ病とされていた人が震災によるPTSDであることを突き止め、新しく診察に来られた人の中に震災や原発避難のトラウマを見つけた。この仕事は沖縄戦の高齢者たちの診察経験からすると、そんなに難しいことではなかった。

のちに沖縄戦体験者のお一人に、「沖縄で皆さんから教わったことが被災地で役にたちました」とお礼を言ったところ、とても喜んでくださった。沖縄の高齢者から私は貴重な「研修」を受けたのである。

ＰＴＳＤはうつ病のふりをしてやってくる

よく、「沖縄戦のＰＴＳＤと福島のＰＴＳＤは同じなのか」と聞かれるが、まったく同じである。それどころか、性暴力被害や虐待、ＤＶ被害、パワハラ、列車事故や海難事故、イジメに至るまで、まったく同様な症状が現れる。

人は普段の生活では、つらいトラウマ記憶を思い出さないように、心の深層に押し込めていて、意識しない。しかし夜になると日中の緊張がほどけるので、心の底に押し込めたトラウマ記憶が暴れ始める。そして夜中に何回も「起きろ、起きろ」という刺激が脳を覚醒させるので、持続的な睡眠が妨害される。これがトラウマ反応特有の過覚醒睡眠である。

しかし本人は「まさか自分の心に何（十）年も前のトラウマが棲みついている」ことを知らない。だからトラウマ体験に由来する不眠に悩む人々は、てっきりうつ病か何かの不調だと考えて受診する。ＰＴＳＤはうつ病のふりをしてやってくるのである。

問題は、精神科医がそれらの症状を、トラウマに起因するものと診断できるかどうかである。

ＷＨＯ（世界保健機関）に長くおられた新福尚隆氏（精神科医）は、阪神淡路大震災の支援に入った経験を通じて、日本の精神科医はＰＴＳＤ診断について診断意欲が低いと言う。

「天災」と「人災」の違い

福島の震災とは、地震・津波という「天災」と、原発事故という「人災」が複合した災害である。また原発事故に伴う避難によって「帰るところを失った」震災である。

「天災」の場合には、学校、病院や交通などのインフラが回復すれば、おおよそ復旧したとみなされる。これに対して「人災」の場合には、加害者を認定し、加害者が謝罪して賠償を行い、受けた被害が回復されなければ解決しない。このため「天災」よりも「人災」の解決には時間がかかる。時間がかかることによって被害者のストレスは加重され、精神的な負荷が強められる。

「生業《なりわい》を返せ、地域を返せ！」福島原発訴訟において仙台高裁は「国と東電の責任」を認めた（２０２０年９月30日）が、国と東京電力はこれを不服として最高裁に上告した。つまり、わが国で未曽有の原発事故について、10年たっても加害者が認定されておらず、謝罪もされていない。これが人災と天災との顕著な違いである。

〈故郷喪失〉という災害

避難することは、避難先で別のストレスに直面することを意味する。すなわち「故郷という自分の分身」を失い、それまでの生計手段である生業を失い、今までとは異なるコミュニティで生活することとなる。二重三重にストレスの多い困難な状況で生きていかざるを得ない。これは〈故郷喪失〉という災害である。

福島県浪江町津島地区は放射線量が高く、いまだに帰還困難区域である。最近一部が帰還可能となったが（2023年3月31日）、ほとんどの住民（約450世帯・1400人）は、いつ帰れるかの目処《めど》も立たたないまま13年目を迎えようとしている。住民たちは「福島原発事故津島被害者原告団」（約700名）を結成し、国と東電に対して、責任追及と故郷の原状回復を求めて2015年提訴した。

2019年3月、私は18歳以上の津島地区住民約500名を対象にPTSDのリスクと精神的不調について調査した。その結果、PTSDハイリスク群（IES-R25点以上）は48・4％であり、これは従来の日本国内の震災では例を見ない高さであった。

同時にK6（精神的健康度テスト）によって「13点以上の重症の精神不調の者」を見ると、県内避難者では26・6％であり、4人に1人が重い精神不調をかかえ、県外居住者は43・2％と、明らかに県外居住者の精神的健康が悪化していた。

ところで１９９１年に起きた雲仙普賢岳火砕流災害の避難者について調べた太田保之らは、「４回以上の避難によってメンタルヘルスが悪化する」と述べている（太田保之編著『災害ストレスと心のケア』）。津島地区住民約５００名の平均避難回数は４・65回であった。（大震災による福島県民の平均避難回数は３・36回（内閣府、平成27年12月）。ＮＨＫが宮城・岩手両県民について震災５年後に調べた平均避難回数は２・７回であった。）福島の震災関連死の方々の平均避難回数は、なんと６・７回の高さであった。（ＮＨＫ、ＥＴＶ特集「原発事故　命を脅かした心の傷」、２０１９年３月２日放送）。このことは避難することがいかに高いストレスを与えているかということである。

つまり、避難する体験そのものが心身に過酷な悪影響を及ぼし、避難の回数が多ければ精神的健康は悪化し、とりわけ県外に避難することは精神的健康を著しく悪化させる。津島原告団団長の今野秀則さんによると、提訴以来５年間で50人の原告が避難先で亡くなったという（２０２１年７月）。避難することは、強いられた、命がけの選択である。

〈魂の殺人〉としての差別

避難という過酷な状況において、狙い撃ちされるように差別的な言動に見舞われた時、彼らは「壊れる」。

多感な女子中学生であったＴさんは、原発のある町から自衛隊のトラックに乗せられて、福島県の内陸に向かっていた。両親ともそれぞれ大切な仕事にかかりきりで帰宅せず、自衛隊員が白い防護服を着て訪ねてきて避難することになった。しかし行く先々の避難所で、「衣服や身体の放射能汚染をチェックしないとダメ」と断られた。

彼女は、「同じ福島の言葉を話す相手に拒否された」ことに強い衝撃を受けた。生まれて初めてのことだった。「同じ言葉を話す人」つまり「自分がこれまで生きてきた社会の多数派」から拒否され、まさかの少数派に転落したのだ。そんなことを予想したことがなかった。今まで空気のようになじんできた自分の足もとの土地から自分が拒否された気がして驚愕した。それまでの自分が壊れていくような感覚だった。彼女は数年後に高校の同級生の心ない言葉にも、「自分がダメになる」と、同じような自己崩壊感覚を体験している。差別されることによって、人は時に、「壊れる」「ダメになる」という身体的な崩壊感覚を抱く。

福島から札幌に避難したDさん（女性）は、当時のことを次のように語った。

水が3週間も出なくて、栃木県のお風呂のある施設まで車で行った時に、途中のコンビニで「福島の車だ」と言われました。札幌に避難して来てからも、車のナンバーを見た隣家の子どもが「福島のナンバーだよ。放射能がついてる」と言っているのを聞いた時、全身凍りつきました。アパートのドアに泥だらけの靴跡をつけられたりしました。身体中の血液が凍りつくような気持になります。

差別することは相手の「魂を殺す」ことであり、差別されることは「自分が死ぬ」ことである。ここにあげたTさんやDさんが語った「自分がダメになる」「全身が凍りつく」という精神生理学的な崩壊感覚は、「死ぬ恐怖」に近い身体的な反応である。差別的な言動は、言葉のやり取りのレベルを通り越し、もっと原初的な「生命の危機感」に近い反応となって現れる。

体が溶ける恐怖

浪江町に住んでいた事務職員のNさん（女性）に、「原発事故の時はどんな心境だったか」を聞いたところ、「死ぬと思った、体が溶けるんだと思った」と言い、「こんな話はほかの人には言えないわ」と言った。

辻内琢也らは、原発事故避難者においてPTSDハイリスク（IES-Rが25点以上）の要因として次のような特徴をあげている。

・原発事故発生当初1週間の間に死の恐怖を感じたこと（2・0倍）
・故郷を失ってつらいと感じていること（2・0倍）

・避難先で嫌な経験をしたことがある場合（2・1倍）
・悩み・気がかり・困ったことを相談できる人がいないこと（2・2倍）
・家族との関係がうまくいっていないこと（2・3倍）
・生活費の心配があること（2・7倍）

（「大規模調査からみる自主避難者の特徴」、戸田典樹編『福島原発事故　漂流する自主避難者たち』）

ここで注目すべきは、原発事故発生当初の恐怖体験をＰＴＳＤリスクを高める「特異的なトラウマ」としていることである。そこで筆者の診療所に通う患者さんたちに原発爆発の時の心境について尋ねてみた。

ある女性は「逃げればいいのか、逃げれば助かるのか、それともこのまま死んでしまうか」と思った。別の女性は、「ああ放射能を浴びちゃったな」「死ぬのではないか」「でもどれくらいで死ぬのかわからないし、今は大丈夫でも何年かしたら死ぬのではないか」と思ったという。この女性は２０１７年８月29日、「北朝鮮」のミサイル発射を知らせるＪアラートの音を聞いて、大震災当時に九州に避難した時の場面がフラッシュバックし、涙が滂々《ぼうぼう》と流れ、体が固まって動けなくなった。このように原発の爆発時の直接的な恐怖感はＰＴＳＤのリスクを高める。

死ぬまで抱えていく記憶

実際には多くの人たちは「あの時」のことを語りたがらない。ある人は「あの時の記憶は自分一人で死ぬまで抱えていく」と言った。しかし「原発や放射能について語れない」状況は、かえって恐怖記憶を長期保存し、PTSDリスクを高める。

2015年度福島県民健康管理調査によると、「後年にガンなど健康障害が起きると思うか?」という設問に対して、「(可能性が)あるかも知れない＝19・0%」「(可能性が)非常に高い＝3・8%」とあり、合計32・8%の県民は自身の放射線被曝の被害を案じている。

また「次世代以降に健康障害が起きるか?」という設問に対しては、「(可能性は)あるかも知れない＝22・0%」「(可能性は)非常に高い＝15・6%」と合わせて37・6%の人が次世代以降の健康被害を案じている。

それにもかかわらず、いまや福島県では「放射能被害がこわい」と言うと、「まだそんなこと言っているのか」と変人扱いされるので誰も当時のことを語らないが、心の底ではたいていの人、特に女性や母親たちは不安感を抱いている。

中には「放射線の健康影響を不安に思うのは間違いだ」と「科学的な学説」によって住民たちの不安感を打ち消そうという学者もいる。しかし、そもそも不安というのは、姿の見えない危険に対して自己防衛するための黄色信号である。学者の理屈によって消えるものではない。その個人が「不安だ」と感じるならば、それは不安なのである。理屈でなく自分の体が勝手に感じるのが不安であり、それは体の大切な防衛反応である。だから、不安は否定されるのではなく、他人によって傾聴されるべきである。

不可欠な「悲哀の仕事」

親しい人を亡くすとか、大切なものを失うなどのことを「対象喪失」と言う。「対象喪失」のつらさや痛みを受容して、再び立ち上がるには「悲哀の仕事」という過程を経ることが不可欠だとフロイトは言う。

たとえば、朝に元気よく出勤していった夫が、交通事故で亡くなったと会社から電話があったとする。妻は動転し、「まさかうちの人に限って」と否認し、しかし遺体安置室に行って亡き夫と対面して泣き崩れる。悲しみは時に怒りにもなる。こうして人は、「ショック、悲しみ、怒り、否認」などの感情反応を行ったり来たりして、ようやっと対象喪失の悲しみを受け入れることができる。

ひるがえって福島の人たちは、津波や原発事故で失ったことの悲しみを十分悲しめているのだろうか。地元の新聞を見ても「がんばろう福島」という躁的なスローガンに沿った記事は見られるが、震災のトラウマをしみじみと語り、目いっぱい悲しんで傷ついた心を癒そうという記事は見当たらない。「泣くことや悲しむことは、女々しいことだ」ということか。

そもそも日本の文化は、泣くとか悲しむという感情表現を抑制する。赤ん坊のころから、泣かないように泣かないようにあやされて育ち、悲しくても自分の指をしゃぶってでも泣かずにいれば「聞き分けのいい子」と大人は喜んだ。女性が泣こうものなら、「だから女は」とそしりを受ける。日本では感情を抑えることが美徳とされてきた。

しかし福島の巨大なトラウマに見舞われた人々が回復し、沖縄のような50～60年後のＰＴＳＤ発症を防ぐためには、もっと感情を発露し、皆でそれを共有する場面が必要である。もっと悲しみ、もっと怒り、もっと憎むことが不足しているのではないか。

原発事故と震災、心の傷とどう向き合うか

〈講演〉２０２１年４月３日　福島県三春町にて

故郷を失った災害…避難のストレス

今日の題は「原発事故と震災、心の傷とどう向き合うか」ということです。震災後の事例について、私自身が相馬市の診療所で体験したことを中心にお話ししたいと思います。

さて、東日本大震災の中で福島県の震災と宮城県・岩手県の震災では、どう違うのかおわかりでしょうか。福島では、原発事故によって大勢の人が帰るところを失いました。それに比べると三陸の震災では、また阪神淡路大震災でも、帰還する土地そのものがなくなったわけではありません。そうした「帰るところを失った震災」というのは、日本の震災の歴史の中でもそんなに多くはありません。

日本の過去の災害の中で、災害によって故郷をなくした事例はどこがあると思いますか。有名なところでは１００年ほど前、足尾銅山の鉱毒で栃木県谷中村の住民たちが北海道・佐呂間湖の

方に移住した歴史があります。これは天災ではなく人災でした。自然災害では、1991年の雲仙・普賢岳火砕流災害で約1万人の人々が故郷を失いました。2004年の新潟中越地震では、旧山古志村が全村避難を強いられたことで有名です。山古志村は、3年後に全村民が帰還しました。

雲仙・普賢岳の災害に関して、長崎大学の太田保之らが優れた報告書を出しています（『災害ストレスと心のケア』）。この報告書の中には、いま原発事故で避難している人々が体験している問題と同じ困難について書かれています。どちらの人たちも、住居やコミュニティ、仕事をなくしたという点で共通しているからです。そして長崎大学の調査によると、4回以上の避難をしていた人はメンタルヘルスが悪くなるとされています。

福島ではどうでしょうか。2013年の調査では、福島県民の避難回数は平均3・5回くらいでした。ところが今も帰還困難地域に指定されている浪江町津島地区から県内や県外に避難している人たち500人の平均避難回数は4・6回と4回を超えていました。

津島地区の調査では

私は津島地区住民500人を対象にしたメンタルヘルス調査を2019年3月に行いました。「出来事インパクト指数」（IES-R）を用いて調査したところ、25点以上のPTSDハイリスクだった人は全体の48％に上りました。つまり津島地区住民の約半数の人は、今も重症の不眠や震災のフラッシュバックを伴うＰＴＳＤに苦しんでいることになります。国内の他の震災と比較してみると、阪神淡路大震災被災者のＰＴＳＤが９－10％。次いで新潟県中越地震で20％でした。ですから、津島地区の住民の精神的な被害は過去の日本のどの災害よりも群を抜いて過酷です。

２０１２年に私たちが行った沖縄戦を体験した高齢者４００人調査では39・３％がＰＴＳＤでした。津島地区住民、あるいは原発事故避難者の精神的な苦悩は戦争被害者並みだと言えます。実際に震災関連死した人の多くは避難先で亡くなっています。避難は、ある意味で、生きるか死ぬかをかけた戦争なのです。

もうひとつ、津島地区で行った「Ｋ６」テストがあります。６つの項目に○をつけて精神的健康度を測定するテストです。このテストでは、福島県内避難者で13点以上の人が26・６％になりました。13点以上とは、重症のうつ病状態に匹敵します。たとえば家庭の中で寝たり起きたりしていて、やっとごはんを作れるが仕事はできないというほどに精神的な不調にある人を想像してください。それほどの精神的不調にある人が27％近くもおられました。

津島地区から福島県外に避難している人の場合はもっと深刻です。同テストで13点以上の人は43・２％ですから、県内避難の１・７倍にはね上がります。県外避難の方がストレスがはるかに高いのです。避難した人たちは、仕事や収入、学校や近所付き合いといった困難のほかに、生まれ育った故郷とは違う言葉や、違う文化の中で生きるストレスに見舞われるわけですから。

これは最近の話ですが、相馬市には必ずしも避難の経験のない人がおられます。津波にあったけれど住宅を再建した方とか、そういう人たちに「そろそろ10年になりますね。よく頑張って生きてこられましたね」と言ったら、高齢の女性が、「実は震災よりも、そのあと生きてくるのが辛かった」と言いました。なるほどなと思いました。

あの日3・11まで人々は平和な明日を信じていました。息子が何歳になったら自分は孫の世話をしようとか、みんな時系列に応じた未来の計画を持って生きてきました。それが原発事故の後、娘や息子たちはよその土地に移住するなどして、それまでの計画がゼロ、というかマイナスになってしまった。未来の希望や、未来の時間の喪失です。彼らが言うには、まだマイナスからゼロに戻っていないと言います。相馬でも若い人がいなくなって高齢化率が進んでいます。

トラウマとPTSD

トラウマ一般の話をします。図を見てください。楕円の中に書いているのは、私たちが意識している記憶です。

「あの津波は怖かった」、そして「逃げた」というのは意識の中の記憶です。それだけでなく星印、これは普段は意識しにくい「強烈なトラウマ記憶」です。口に出すと体が震えたり、涙が出

言語化されない記憶とPTSD

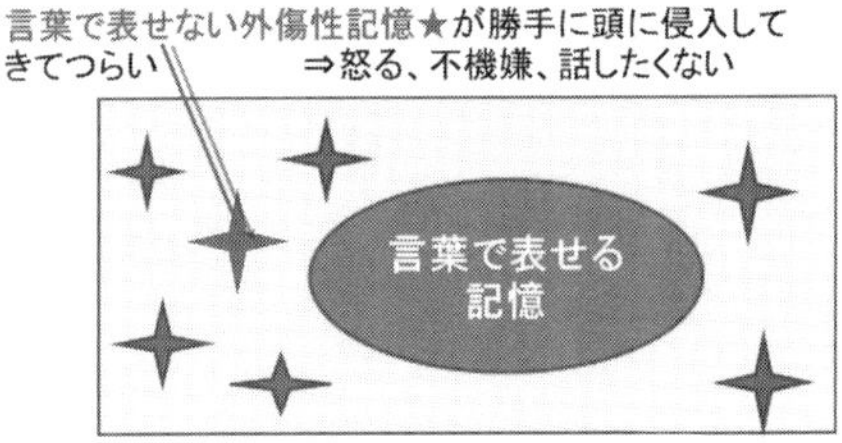
言葉で表せない外傷性記憶★が勝手に頭に侵入してきてつらい
⇒怒る、不機嫌、話したくない
言葉で表せる記憶

て体が固まったりします。この「強烈なトラウマ記憶」が、何かの拍子に意識の中にぴょんと入ってくることをＰＴＳＤと言います。「わーっ」と涙が出て、体が固まって、震えて、眠れなくなります。そして、このような「強烈なトラウマ記憶」は無意識のレベルにあるので、いったい自分の中に存在するのかしないのか、自分ではわかりません。

心的外傷後ストレス障害（ＰＴＳＤ）とは、「過去に起きたつらい体験」の記憶が、「現在の心に侵入してくる」現象です。

ふつうは過去の記憶は過去形になってしまい、「あのとき、ああいうことあったよね」と言えます。ところが、トラウマ記憶の場合には、過去に起きた出来事の記憶が「冷えた記憶」になりきらず、今も熱いまま自分に入ってくることがあります。これがＰＴＳＤです。過去に起きた出来事なのに、現在進行形なのです。だからＰＴＳＤとは時系列の混乱、または時系列の障害とも言います。

例えば私も一昨年車を運転していて、後ろから追突されたことがあります。それ以来、よその車が自分の車の後ろに来るとドキッとして、怖くなります。このように「あの時と似た場面」に

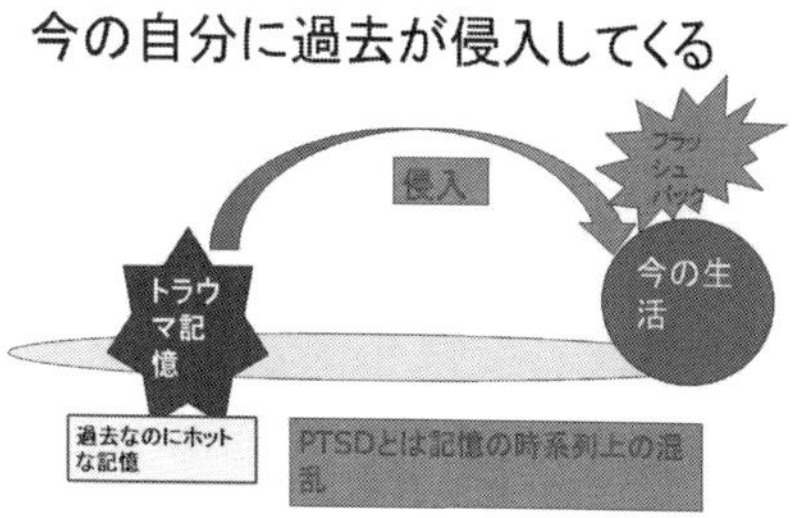

なると、トラウマ記憶が心の中によみがえってくるのがPTSDです。

　ところで震災以前にすでにつらい記憶を持っている人もいます。そういう人たちが、震災や原発事故避難という新しいストレスと遭遇すると、もっと大きなトラウマ反応を引き起こす場合があります。どういうトラウマであろうと、いったん心に苛酷なトラウマ記憶が刻みこまれると、次の強烈なストレスに遭遇した時に、より傷つきやすくなります。そして二回目の傷つきの時には、まるで雪だるまが転がって大きな雪だるまになるように、より大きなトラウマ反応になります。

　例えば、子どものころにお母さんに捨てられたという「先行するトラウマ」があって、そこに原発事故による避難などの「新しいトラウマ」が重なると、雪だるま式に大きなトラウマ反応となる場合があります。過去のトラウマ的な記憶を持つ人は、次のトラウマに対して打たれ弱くなるのです。

　そのためトラウマ体験をした人は、なるべく前向きになって、過去に引っ張られないように前を向いて頑張って生きることが理想的です。

これは相馬の津波から逃げた人から聞いた話ですが、道路を歩いているとき、震災の記憶がフラッシュバックしてきたそうです。そのとき彼女は「エイ！　エイイ！」と気合かけるそうです。そうするとフラッシュバックは消えます。つまり気持ちが弱っているとトラウマが入ってくるので、自分にハッパをかけて気持ちを奮い立たせるとフラッシュバックは入ってきません。声を出すということも効果があるのだと思います。

沖縄戦体験者の国家賠償訴訟がありました。その原告団の人たちの診察をしたことがあります。50人中48人にPTSDに関連した精神的な不調が認められました。ところが2人だけ、どう考えても診断のつかない人がいました。まったく健康なのです。

一人は建設会社の社長さんで、戦争孤児となり学校に行けなかったため読み書きができませんでした。大人になって大工として生計を立ててから、琉球大学の学生アルバイトを雇って読み書きを習ったそうです。もう一人は自動車工場の社長でした。たまたまその二人が話していました。「そうだよな、後ろ向いちゃうとダメだよな、トラウマが入ってくるから。そもそも前向いて一生懸命考えないと商売がだめになるし」と言っていました。

このように、ひたすら会社を維持するため前を向いて頑張ってきた、そういう人たちはPTSDがなかったのです。びっくりしました。逆に気持ちが悲観的な場合に、心の底に隠れていたトラウマ記憶がフラッシュバックしてきます。

トラウマ後の非精神病性幻覚

ほとんどの人は自分にトラウマ的な記憶があるかないか、わかりません。わからないようにしないと生きていけない。わからないように意識の下に沈めながら生きています。だから、自分で自分のことをＰＴＳＤだと思う人はほとんどいません。むしろ眠れないとか元気が出ないといった自覚症状から、自分はうつ病かもしれないと言ってクリニックに来られる人がほとんどです。「ＰＴＳＤはうつ病のふりをしてやってくる」のです。

幻聴が聞こえたとか、不思議なものが見えるという人もいます。津波が来た時、他の同僚は「大したことないよ」と言って逃げなかったため津波に呑まれて亡くなり、自分は逃げて助かったという女性が診察に来られました。彼女の訴えは、不眠と幻聴でした。初期には幻視もありました。これを非精神病性の幻覚と言います。

彼女は幻聴が聞こえてびっくりしたが、「これ言っちゃいけない。言うと精神病と思われる」から絶対他人には言わないできたとのことです。そこで私が、「津波とか、原発事故で避難するとか、極端につらいことがあるならば、幻聴とかざらにありますよ」と言ったら、「そうですか」と安心していました。

２０１２年、ベルリンでヨーロッパストレス学会が開かれました。そこでデンマークのオーフス大学のグループが、伴侶をなくした高齢者でうつ病やＰＴＳＤの診断がついた人を４年間追跡したところ、幻視が53％の人に、幻聴が48％の人に認められたと報告していました。

ところが日本では、非精神病性幻覚の存在が精神科医にも知られていません。幻聴が聞こえると言うと、「統合失調症ではないか」と精神病扱いします。だから患者さんは「幻聴がある」と言えないのです。

沖縄のオスプレイ反対集会で知りあったある女性は、沖縄戦の集団自決の生き残りでした。親しく話すようになって、あるときお茶飲んでいたら、「先生、たまに耳に聞こえてくることがあるんだけど、ほったらかしておいてもいいんだよね」と聞いてこられた。ずっと以前から幻聴があると言うのです。彼女は琉球大学を卒業し、夫は船員でした。文房具店を営んでいて子どもたちにとても好かれていました。正義感の強い人で、年を取ってからも辺野古で米軍基地反対の座り込みをしていました。彼女はずっと前から幻聴が聞こえていましたが、精神科医に言ってはいけないと思っていたのでした。そして私にポロリと聞いたのです。私が精神科医だというのを忘れていたんでしょうね（笑）。

このように非精神病性の幻覚や幻視は、実はもっとざらにあるのだろうと思います。日本ではトラウマを診断する精神科医が少ないので知られていないだけです。

福島で出会った人たち

具体的なケースを紹介します。個人が特定されないように年齢や性別、職業などを変えてあります。

坐骨神経痛とされた男性

２０１３年に相馬に来たばかりのころに診察しました。消防団で津波被災者の遺体捜索をしておられた男性です。２０１１年3月に震災が起き、4月頃から眠れなくなりました。そして右足が痛くて、車のブレーキ、アクセルを踏めなくなったのです。そこで整形外科に行ったところ、坐骨神経痛と診断されました。彼は、私が赴任する1年前に当クリニックに受診していたのですが、当時の医者も震災の影響とは考えず、うつ病と診断して投薬を続けていました。その翌年に私が赴任して診察したところ、これはうつではない、トラウマ反応だと思いました。そこで薬の内容を変えました。

すると2カ月後、「先生、足痛いのは治ったし、眠れるようになったから、もうこねえ」と。実は、足が痛くて車のブレーキやアクセルが踏めないのは、「身体表現性障害」という精神科の疾患でした。メンタルなストレスが体に出て、痛みとして表れるのです。『福島民友』にこのことを書いたら、相馬の某整形外科の先生が「蟻塚先生、めったなこと書かないでくれ」と言われ、クレームがつきました。（笑）

これとまったく同じ病態を沖縄で見ました。80歳の女性で、10年前に息子を亡くしたショックで下半身に力が入らず、足腰が立たなくなりました。整形外科に行ったら椎間板の圧迫骨折と言われました。そして、私のところに診察に来られる時は車いすを使っていました。たまたま眠れなくて私の外来に来られたのですが、すぐにこれはうつではない、戦争トラウマのせいだと直観しました。この方は息子が亡くなったばかりのころ、夜中に誰かが足に触れていく感じがしたり、幻聴が聞こえるなど、ほかの人に言えない体験がたくさんあったそうです。そして、沖縄戦のとき家族と一緒に沖縄本島北部の方へ避難するなか、死体を踏みつけて逃げたのだと教えてくれました。

その翌年、私が相馬市に来ることになり、彼女にお別れの挨拶をするため家を訪ねました。しかし家が見つからないので携帯に電話したら、「先生、公民館で待ってて」と言われました。言われたとおりに待っていたら、遠くから杖をついたおばあさんがこちらに向かって歩いてくる。それが彼女でした。なんと彼女は車いすを卒業して歩けるようになったのです。

それはメンタルなストレスが体の障害になって表れる「身体表現性障害」でした。圧迫骨折と診断した整形外科の先生がびっくりしたそうです。まるで私はイエス・キリストみたいですね。足の不自由な人をイエス・キリストが治したという奇跡が伝えられていますが、それはトラウマ疾患だったのではないかしら。（笑）

体が熱くなる女性

相馬市で、体が熱くなる、足の裏から灼熱感が上がってくるという高齢の女性がおられました。震災のときに自宅近くまで津波が押し寄せ、そのあと4月から足と体が熱くなった。そのため寝るときには布団から足を出して眠っていたそうです。福島県内の病院では診断がつかなくて仙台の病院まであちこち受診したが、診断がつかなかったそうです。そうして2015年9月、震災から4年半経過してから、私のクリニックに来られました。足が熱いと言うので、「それ沖縄で見ましたよ。治りますよ」と言ったら2週間で症状が消えました。

この方と同様に「足裏が熱い」と言って苦しんでおられた沖縄の女性Aさんは80代女性、もと学校の先生でした。50代で原因不明の足裏の灼熱感が発生しました。熱くて痛くて、沖縄でも東京の病院でもダメで、中国まで行って鍼《はり》をやったが治らない。神経内科の医者から、「神経難病だ。寝たきりになって、将来認知症になる」と言われたそうです。それで自宅に引きこもって生活しておられました。たまたま通っていた心療内科の医者が辞めることとなり、私のところに来られました。すぐに私は、「これは戦争トラウマだ」と思いました。

話を聞いたら、14歳のとき、沖縄戦の砲火の中を、母と死体を踏んで逃げた。そのとき、死んだお母さんのわきで泣いている子どもを救えなかった。そのことがいつまでも彼女を苦しめました。Aさんはとても優秀な学校の先生でした。今は戦争の語り部をされています。足が痛くて歩けなかったのが、歩けるようになったのです。

そこで、相馬で足が熱くて苦しかった人にAさんの診療の話をしたおかげで、その人が治りましたと伝えたらとても喜んでくれました。つくづく沖縄の高齢者が福島の人たちを助けてくれたと思います。

66年前の記憶のフラッシュバック

この方は70代の女性です。原発事故で娘夫婦と孫と一緒に南相馬から逃げるとき、昭和20年に米軍の戦闘機に機銃掃射されたときの場面がフラッシュバックしてきたのです。

66年前、相馬市や南相馬市を米軍の戦闘機が空襲しました。そのとき彼女は、お父さんに背負われて、機銃掃射を受けながら逃げました。原発事故で避難することによって、あの機銃掃射の場面がフラッシュバックしたわけです。

原発事故と手の麻痺

これは震災後に家族間のストレスが増大して、手指がマヒした方です。彼女は幼稚園の先生でした。原発事故のため幼稚園も避難し、彼女は夫と二人で相馬に来てアパート暮らしをしていました。実はこの年からたまたま夫が定年退職して、朝から晩まで家にいるようになりました。亭主ストレスです。近所に知り合いもなく、回覧板も来ない生活。朝から晩まで亭主が家にいる。夫が新聞を読むとき、指にツバつけてめくる。食べるときクチャクチャ音を立てる。夫のいやな面がいっぱい見えてくる。あるとき、夫がごはんを食べる音を聞くと手が震える、箸が落ちる、寝られない、となった。娘さんと食べているときは箸が落ちない。医学的には「解離性まひ」と言います。しかしこの人は賢い人で4、5回来て話を聞いてるうちに、

「先生わかりました。これは東京電力のせいです。東電のせいで避難して、隣近所の人を失って、職場を失って、朝から晩まで旦那の声を聞いていると眠れなくなったんです」と言っていました。そして眠れるようになり、今は当院のデイケアで働いて、他の利用者さんたちのお話を上手に聞く仕事をしておられます。

死の恐怖とＰＴＳＤ

この女性は原発事故直後に「死の恐怖」を体験した人です。早稲田大学の辻内琢也先生の報告の中に、「原発事故直後の恐怖」はＰＴＳＤのリスクを高くするとあります。

２０１７年9月ごろ、「北朝鮮」のミサイルが日本に飛んで来ると、当時の菅官房長官がさかんに言っていた時期がありました。あのとき私は韓国に行っていましたが、平和で何ともない。なのに日本はピリピリしていて、全国で一斉にミサイルの発射を知らせる「Ｊアラート」が鳴りました。彼女はその音を聞いて、途端に震災の恐怖がよみがえってきました。体が固まって、涙が出て口をきけなくなりました。彼女は、原発事故のときに死ぬかと思う体験をし、強い恐怖感で食欲がなくなり、震えがきて吐き気がし、九州に避難した人でした。「Ｊアラート」の音で、当時の記憶がよみがえったと教えてくれました。

職業人としての訓練機会の喪失

この人は学校の先生で、２０１１年3月に大学を卒業し、教員になりました。4月から福島第一原発の近くの町の中学校に赴任しましたが、震災で学校が閉鎖となり会津に移動。大混乱の中で職業人としての初期の研修がなされないまま、2年目にうつになって休職。また復帰、休職、復帰を繰り返している人です。長い目で見ると、震災によって社会人教育が不足してしまい、未だに人生時間が止まってしまって、まだマイナスからゼロに戻れないでいます。

怒りっぽくなった夫　原発事故に強い恐怖を抱いて発生したPTSDです。この人は牛を飼っていました。震災後に奥さんに対して怒りっぽくなったのみならず、2、3年前から一つの敷地に住む両親に対しても怒鳴るようになった。震災から10年たった年の12月くらいに私のところに来られました。

怒りのスイッチが入ると3日くらい怒っている。これはなんだろうと思いました。例えばてんかん性の不機嫌症というのがあります。あるいは恐怖の記憶がフラッシュバックしてくるとき、人は怒りっぽくなります。話を聞いてみたら、「原発事故がとても怖かった」と教えてくれました。牛を残して逃げたそうです。妻にも苦労かけたと思うものの、その妻に対しても怒鳴るようになりました。診察の結果はPTSDでした。今はとてもよくなり、妻に申し訳ないと言っていました。

このように怒りっぽい人で、それで離婚した人がいます。怒りっぽくなって家族が崩壊した例もあります。

震災ストレスによる読字障害　この人は1カ月前くらいから「文章が読めなくなった」と訴えてこられました。とても頭の良い人ですが字を読めなくなったのです。

ところがあるとき、彼女が働いている施設に入所している年寄りを救急車で運ぶときに、パッと文字を読めたと言います。緊急事態に直面して、注意力がアップしているときには読める。これは「ディスレクシア」と言って、「文字が読めない」という障害です。震災に伴う様々なストレスが重なることによってディスレクシアが臨時で出てきたのだと思います。子どものころ言葉の教室に1カ月行ったことがあったとのことで、それを頑張って克服した人です。それが震災後のストレスによって出てきたが、一時的なもので注意力がアップすれば治りますよ、とADHDの薬を少し飲んでもらうことになりました。

退職後に晩発性PTSDを発症　この人は60歳の女性。子どもが結婚して孫ができるので、仕事をやめたところ、不眠、震災の場面のフラッシュバックなどが起きてきた方です。このように仕事をやめるとか、家業を息子に譲るとか、そういう役割の喪失によってPTSDを発症するお年寄りは多いのです。

アメリカの復員軍人局のホームページを見たら、50年前ベトナム戦争に20代で従軍した人の中でPTSDの症状が最近出ているので気をつけろ、と書いてありました。復員軍人の集まりで昔のことをしゃべったおかげで、戦場の場面のフラッシュバックが50年を過ぎてからよみがえったともありました。

避難によるトラウマで統合失調症と間違われる

この人は内気な若者で、引きこもりがちな生活をしていました。彼は宮城に避難しました。避難先では大部屋にたくさんの人がいる中で、とても緊張したそうです。避難中の人たちと適応できず、とてもつらくて眠れなくなった。そのうちだんだん周りの人が自分の悪口を言っているのではないかと、精神病的な症状が出てきました。そこでネットで調べたら統合失調症だと思い、うちのクリニックに来た。実は統合失調症の人が「自分は統合失調症ではないか」と疑ってこられることはまずありえないのです。クリニックに通っていろいろ話を聞いているうちにだんだん元気になって、私と会って1年後にバンコクやミャンマーなど東南アジアに旅行に行き、楽しかったと帰って来ました。震災や原発事故という巨大なストレスによっては、いっとき精神病的な体験があっても、実は精神病ではない場合があります。しかし、もしかして彼がトラウマの理解のない精神科医に受診したら、精神病の診断をつけられて入院させられていたかもしれません。これも非精神病性のエピソードです。

PTSD治療によって復縁した夫

私がクリニックに赴任したての頃、職員から「(この男性は) 怒りっぽいですよ、先生」と言われて、私が話を聞きました。不眠のパターンを見ればトラウマによる不眠やPTSDがわかります。彼はPTSDでした。それまでの診断を変え、薬を変えて3カ月が経ち、彼は「怒りっぽいのが治ったから、離婚した妻と復縁することになった」と教えてくれました。

この人は相馬の海岸地帯にお母さんが暮らしていて、震災のとき助けに行った帰りに消防車がひっくり返ったり、砂に人が埋まっている場面などをいっぱい見た。さらに悪いことには、山形へ逃げたときに、福島ナンバーだからとあちこちのホテルで断られた。そんな震災と震災後の苛酷な体験によってPTSDになり、怒りっぽくなって離婚し、治って復縁したのでした。

震災から2年後発症のPTSD

この人は私が相馬に来て、最初に診たPTSDの人です。沖縄戦の体験から66年とか70年してから発症した高齢者のPTSDを見ていたので、私は「福島でも60年経ったらPTSDが発症するだろう」と思っていました。しかし、それは間違いでした。

彼女のお母さんが津波で流されました。その後、お父さんとおばさんと一緒に仮設住宅で暮らしていました。しかし一緒に暮らしていた、大好きだったおばさんが亡くなって眠れなくなりました。そして震災の場面のフラッシュバックが起きてきた。これは震災から、2年後に発症したPTSDです。沖縄で私が見たPTSDは、何十年も過ぎてから晩年に発症しましたが、このように半年後、1年後、3年ないし5年後に発症するPTSDもあります。

震災過労による解離性同一性障害

この人は公務員で、震災の時に不眠不休で津波から逃げた人たちを助けました。原発事故が起きて職員が1人、2人と抜けていきました。この次に爆発が起きたら自分も逃げようと思いながら逃げなかった。彼はとても真面目な人です。

ところが3、4年経って、家族が「なんかお父さんこのごろ元気ない。ボーっとしている」と異変に気づきました。本人いわく「胸の筋肉がギュッとなる」。あちこち医者にかかったが、そんな「筋肉がギュッとなる」なんて教科書に書いてない、診断がつかないと言われました。

あるとき家族に黙っていなくなりました。家族は自殺するのではないかと心配しましたが、24時間経って家に帰ってきました。しかし本人はどこに行っていたか思い出せない。彼は健忘症を伴った解離性障害でした。

これはある種の二重人格のような状態で、別に行く用もない場所に向かって運転していた。そして、ふと「どうして自分はここにきたんだっけ?」と気がついて自宅に戻った。運転している時のことを記憶していないが、もちろん赤信号ではきちんと停車して道路交通法の違反なし。診察の時に、彼の反応や言葉や思考に「なんか変だな?」と現実感覚の低下を私が感じて解離性障害という診断に至ったケースです。見た目も応答も普通なので、なかなか診察は難しいです。

野球のボールを投げられない

この高校生は、中学生のときに原発事故で埼玉に避難していました。彼は避難先からもどって相馬の高校に入り、好きな野球部に入りました。ところがボールを投げようとしたら握った指が開かないという事態に見舞われました。また、テストがあると頭痛、腹痛、下痢、めまいがある。めまいのために公立相馬病院耳鼻科へ入院しました。そうしたら耳鼻科の主治医から、「友達が見舞いに来ると38度の熱が出る」ので、ストレス性のものだろうと私のところに紹介されてきました。この耳鼻科医はすごいと思いました。これも解離性障害でした。

彼は家族とともに放射能の難を逃れるために埼玉に避難しました。ところがもともと他人と付き合うのが上手でなく、埼玉では引きこもりに近い状態で、じっと家にこもって緊張していたようです。そのような持続的な交感神経の緊張があるので、親しい友達が見舞いに来ると容易に発熱をする。高校の野球部に入ってボールをうまく投げようとすると、手の筋肉に不要な力が入ってしまい握ったボールを離すことができなかったようです。このように自分の意思と、体の筋肉や動作が別になる場合を解離性障害と言います。これも交感神経の緊張を和らげる薬でよくなりました。

入浴後鳥肌反応　これは「入浴後鳥肌反応」と勝手に名前を付けた事例です。風呂に入ると鳥肌が立つ人たちが何人もいました。そもそも地震や津波などの震災によって、自律神経のうちの交感神経が多くの人では緊張しています。

自律神経には二つあり、運動会でスタート直前の時には、交感神経が緊張しています。これに対して副交感神経というのは、体の緊張をほぐして眠る時のためのものです。ところが地震や津波の恐怖を体験すると、交感神経が緊張し、しかもその緊張が長く続きます。

このため、いつものように風呂に入る時、そもそも熱い風呂は交感神経を緊張させる役割があるので、鳥肌が立つほど過剰に交感神経が緊張するのです。

ふつう熱い風呂は血管が縮んで狭心症、脳卒中になりやすい。だから熱い湯に入るなと言われます。津波や原発事故のストレスによって交感神経が緊張状態になっているところに追い打ちをかけて、さらに熱い風呂によって交感神経緊張が過重され、ふだんよりも毛穴が緊張して鳥肌が立ち、長く入っていられなくなったのです。

風呂がこわい　風呂に入るのが怖い、水面が怖いという人。風呂のお湯が、ざーっと流れると、津波を思い出すという人もいました。

切除したはずの胃が痛い　これは震災のときに胃がんなどの大きな病気をされて、同時に父親や母親が亡くなるなどの不幸が自分と家族に合併し、不幸が4連発くらいあった人です。

胃を全摘したはずなのに、取ってしまった胃が痛いという症状が出てきました。内科では、「胃は取ってしまったのだから、胃が痛いわけはないだろう」と言われた。そして当クリニックを紹介されました。精神科の領域で「幻肢痛」と呼ばれる現象と似ています。「幻肢痛」というのは、「足がないのに足が痛い」という症状です。しかしこの方に、そのような診断を伝えたところ、3カ月くらいで良くなりました。病名を付けると身体表現性障害と言います。メンタルなストレスが身体に現れる現象です。どういうメカニズムでこういう現象が出ているのかわからないのですが、抗精神病薬の低用量や抗うつ剤などを用いると治ります。

津波でよみがえった満州逃亡の恐怖

この人は満州開拓から引揚げてきた80歳くらいの女性で、相馬に住んでいました。私の講演会が終わってから他の人たちに、「あなたたち満州で引揚げるってどういうことかわかる？　一晩で相馬の人口3万人くらいがいなくなるんだよ。間に合わない人は置いてくるんだよ」と話していました。

震災のとき、津波からは逃げて助かったものの、それ以後、午前4時ごろにならないと眠れなくなりました。震災後のトラウマ反応です。この人も原発事故からの避難で9カ所を転々としています。おそらく気づかなかったと思われるが、満州引揚げの時のつらい記憶が心の隅にあり、津波被害の恐怖が重なってトラウマの雪だるまのようになり、症状になったものと思います。

パジャマを着て眠れない

震災後、「夜が怖い」という人です。怖いので、テレビをつけたままでないと眠れない。夜中に津波が来たら怖いのでパジャマを着ないで寝る。そしてタイマーをかけてテレビをつけて眠る。

暗い夜空がトリガー

北海道富良野に相馬の高校生が星空観察会に招待されて行ったときの話です。8月の夏休み、星空を見ているうちに、あまりにも闇が暗いので大震災で避難したときの暗闇を思い出し、当時の恐怖がフラッシュバックして倒れてしまいました。暗さというのもPTSDを起こす引き金になることを教えてくれました。

幼児期逆境体験に震災の衝撃

この人はリストカットを繰り返していました。小学生の時にお母さんが離婚。おじいちゃんに育てられ、中学の卒業式の日に東日本大震災が起きました。

その後高校に進学したものの、高校は仮設の教室でした。そのうちだんだん友達とうまくいかなくなりました。言葉が出なくなったり、リストカットを繰り返したり、死にたくなるんだ、と彼女は言います。彼女の言葉を借りると、「なんだかわからないけど、急に気持ちがカクッとなって、気づいたらリストカットしている」のだと言います。最近はリストカットしたくなったら、電話をかけてくるようになりました。

他人に依存できることが自立

ＳＯＳを出す、助けを求める。悩みは他人に相談すると半分になる。困ったときには他人に助けを求めることなどが、対応の基本です。一人で悩んでいると「50だった悩み」がだんだん大きくなって「１００の悩み」になります。しかし、もし他人に話してみると、「そんなに苦しんでいたの、知らなかった」「こうしてみたらいいかもしれないよ」などと相手から別の見方を提示されて、それまでの悩みを見直すことにより「50の悩み」に戻ることが可能です。「悩みは他人に相談すると半分になる」のです。

ところで他人に相談することは「相手に弱みをさらすこと」でもあります。「だから相談できない」と言う人もいます。しかし人が本当に自立するということは、なんでも自分でやって他人に相談しないということではありません。精神療法の神田橋條治先生が私にくださった葉書に、こんなことが書いてありました。「自分は他人様の助けによって生きていると思える人こそが、一番自立していると思います」。

私たちは社会という「他人様と一緒の世界」に生きているのだから、「他人様に上手に依存して生きる」ことこそが自立していることなのだと思います。

悲しむ能力

心が凍っていると涙が出ないいんだと、患者さんが教えてくれました。つまり「他人を信じてもいいいんだ」という人間に対する信頼感があって、初めて人は悲しむことができます。

日本の社会では子どものころから、「つらくても泣かなければいい子だ」と言われて育てられ、「泣かないよう、泣かないよう」に育てられてきました。しかしそれは、他人に相談するな、他人に依存するなということですから、つらいトラウマを乗り越えることにはつながらない。悲しむということは他人、つまり人間に対する信頼感とセットになっています。だから悲しむことはトラウマを乗り越えるために欠かせない能力です。

語るあなたと聞く私

「心理的デブリーフィング」とは、トラウマを体験をした人々がトラウマ体験を語ることによって、苦しみを減らそうという方法です。このやり方は最近では否定されています。どうして否定されたかというと、「語るにはつらすぎる体験を語る」という二重のトラウマ的な体験を繰り返すからです。

これに対して私はまず、「トラウマを体験した人たちは、あんな困難な出来事を乗り越えて生きてきた勝者である」と、無条件に尊敬するべきだと思います。私たちは、震災体験をくぐって生きてこられた人に対して、「生きててよかった」とよろこび、そして尊敬するべきです。それがないところではつらい記憶を聞いてはいけないと思います。

そして、根ほり葉ほり尋ねてはいけない。何を語るかは、語り手が許容できる範囲を語り手が選ぶ権利があります。そのように、語る側と聞く側の安全な枠組みが確認されたうえで、「語るあなたがいて聞く私がいる」というシチュエーションを持つことが良いと思います。

仕事・なかま・住居

トラウマ体験を乗り越えていくためには、心理的な対応だけでなく、生活の再建が基本的な必須条件です。いかにＰＴＳＤの診断治療がなされようとも、住む環境や仕事の保証、仲間との支えあい、家族の安全などの基礎的な条件が確保されなければ、「現在の生活が保証されない」のでどんなトラウマ治療も役に立ちません。

音楽、芸能、地域、方言

沖縄の女性たちは、あれだけのつらい戦争体験、そしてつらい記憶を抱えているのに、何かうれしいことがあると、すぐ「カチャーシー」でちゃかちゃか踊ることができます。その一方で沖縄の人たちは、つらい時には皆と一緒に泣くこともできる人たちです。

私は、人々が苛酷な沖縄戦と戦後を生き延びるために、沖縄の芸能の果たした役割は大きいと思います。だから、地域の人と人をつなぐ伝統芸能や祭り、方言などは、トラウマから守ってくれる「心の被膜」（環境レジリアンス）だと思います。福島、あるいは原発事故で避難した京都や横浜やその他の土地で、福島弁や福島の芸能を用いて皆が一体になれる場所があればいいと思います。

今を肯定して生きる意思

沖縄北部の病院に勤務していた時、80歳の高齢の精神科医がおられました。あるとき、その先生に長生きの秘訣はなんですかと聞いた。そしたら「それは意思だよ」と言った。健康法とかでなく、生きようという意思だと。

年を取ったら「きょういく」と「きょうよう」がなければだめです。「今日行くところ」（きょういく）と「今日の用事」（きょうよう）です。そして、今を肯定して、生きる意志を持つために闘うことは、実は震災トラウマを乗り越えるために絶対に不可欠な条件です。しかし、住居や生活費や仕事などの「生活インフラ」が保証されていないといけない。避難先で、貧困や家族不和や失業に悩みながら、今を肯定的に生きることは難しい。「生活インフラ」が満たされない場合には、震災や戦争トラウマはなかなか乗り越えられないです。

（質疑応答）「震災のこと」を語ることが社会の多数派になってほしい

Aさん　今、事故から10年経ち、11年目に入っています。けれど、震災事故直後よりも被害が続いていることとか、自分が苦しいということをなかなか言いにくくなっていると感じています。いろいろな事例の方が出たのですが、今後気をつけた方がいいこと、心配されるということがあったら教えて下さい。

蟻塚　沖縄では、戦争から66年経って、眠れなくてフラッシュバックした人たちがたくさんいたわけです。ベトナム（戦争）に行った20代の若者の米兵も、50年経ってからＰＴＳＤが出てきた。

震災の記憶はなかなか語れないのだけれど、そのトラウマ記憶をみんなで分かち合えることが必要と思います。少なくとも、個人の心の中に個人的な出来事として封じ込めてはいけない。トラウマ的な記憶に箝口令を敷けば敷くほど逆に悪くなります。語らないことによって、逆に心の奥底にトラウマをずっとキープすることになるから、ＰＴＳＤの発症率が高くなります。

もっと泣いてもいい、怒ってもいいし、憎んでもいい。もっと感情をむき出しにしてもいいと私は思います。いま福島で震災、原発のことをそんな風に言うと、風評被害だと否定される。しかし、もっとまっとうに、怒るものは怒る、悲しいものは泣くことが大切だと思います。自分が感じた感情や不安を私たちは大事にしてもいいのではないかと思います。

福島県には新聞もあるし、あるいは国立大学も医大もある。そういうところが努力して、震災を悲しんでいいんだ、怒っていいんだ、憎んでいいんだと、地域社会をもっと自由に感情を表現できるものに変えてほしい。そして震災について語ることが、社会の中で多数派になってほしい。

私たちが沖縄戦による高齢者のＰＴＳＤを発表した時、那覇市の精神科医の集まりで、こう言われました。「戦争体験者が死ぬまで語らないで、あの世にもっていこうとしていた記憶を、蟻塚先生に見つかってしまったなあ」と。４人に１人が亡くなるというあの戦争によって、沖縄の人は親戚や知人に必ず戦争被害者を持っています。そのため、「戦争のことを語ってはいけない」ということが沖縄社会の暗黙のルールとなっていました。沖縄生まれの精神科医は、患者さんの訴えの奥に戦争を見ることがあっても、深く聞き入ることを避けてきました。そして人々は、戦争のことを思い出すことはあっても、それらを個人的な記憶の中に閉じ込めてきました。

しかし、私たちが沖縄戦ＰＴＳＤの存在を発表してから、地元の新聞やテレビが、戦争やＰＴＳＤのことをまともに取り上げてくれるようになりました。そして、戦争体験者は自分たちの思いを語っていいんだという文化に変わりました。こうして沖縄社会の中では、戦争体験者はかつてのような少数派ではなくて多数派の一員となって、堂々と生きていっていいんだということになりました。

だから福島でも原発事故のこと、震災のこと、辛かったことを語ってもいいんだという文化になって、被災者やトラウマで傷ついた人たちが社会の中で包含される社会になってほしいと思います。今、沖縄と福島とどう違うかと聞かれると、私は沖縄の社会は戦争トラウマを語ってもいいとされているが、福島では震災や原発事故のことを語ることが禁止されていると答えています。

Bさん　私は今、ベッセル・ヴァン・デア・コークの『身体はトラウマを記録する（The Body Keeps The Score）』を読んでいるのですけれど、先生の実感では、１００人の患者さんがいたら薬理学的なアプローチが成功する確率はどれくらいなのかをお聞かせいただきたいのです。

蟻塚　薬を使いますけれど、薬を使うのは、トラウマ的な刺激が下からどんどん起きてくるのを抑制するために使うのです。精神科における薬の効果は、うつ病治療などでも薬が効くのはせいぜい30％から50％だろうと言われています。残りの50％あるいは70％の部分を治さないとなかなか回復しない。残りの70％は何かと言うと、被災者本人がどれくらい前向きに生きれるかのパワーだと思います。

さっき言いましたけれど、相馬の女性が歩きながら「エイ、エイ」と気合をかけ、トラウマ的なものをはね返すとか、沖縄の経営者が戦争記憶はつらいけれど、前を向いて会社の経営のために頑張って、決して後ろを振り返らないとか、頭にわあーっと考えが入ってきたときにそれを切り替える「魔法の言葉」を用意しておくとかの対策を開発することです。

たとえばこれは患者さんから教わった「魔法の言葉」ですけれど、現在のことを決めるときには、「まあ、いいか」と軽いノリで決める。未来の悩みごとは「なりゆきまかせ」にする。未来を今から心配しても何も変わらない、なりゆきまかせで何とかなると。「最後には死ななければいいんだ」です。

そういうふうに自分のストレス対処術を変えること、アップすることです。生きていく上での考え方の武装というか、考え方を豊かにするというか。認知による対処術をアップする、自分をエンパワーメントするのです。私たち自身が力をつけないと、せいぜい薬物の効果は30％ぐらいしかないのです。そこが一番問題なのかという気がします。

Cさん　先ほどのお話にあった、足の裏が熱いというPTSDの症状が軽くなったというのは、話を聞いたり話したりすることで軽減していった、つまりそういう場があったからではないでしょうか。そこは安心して語れる場でないといけないと思うのですが、それが蟻塚さんだからできたのか。それと、前の方のお話のとき、フラッシュバックが出てきて途中で帰られた方がいたのですが、そういうのを隣人である私たちに何かできることがあるのか。そのことをお聞きしたいのです。

蟻塚　私だからできたのかどうかはわからないのですが、たとえば不眠の方を見ただけで、これはトラウマだ、これはうつ病だとだいたい見当がつくのです。不眠の型を見るとトラウマがあるとわかります。すると、パニック発作が起きやすくなって、夕方に悲しくなって、夜に考えごとが増えてくると。聞かなくてもうすうすわかるのです。だから余計な質問はしないで、「朝に体が重いですか」「朝起きてから二度寝しますか」「夜に甘いものが食べたくなりますか」と、まるで占い師みたいにポイントだけを聞いていくので、自分のことをわかってもらえたという気がするかもしれない。偉そうな話をしましたが。

私は何十年も医者をやっていて白衣を着たことがないし、精神科病棟の閉鎖病棟にいたとき、

「おめえ、いつ入院したんだ」と言われたことがあって、「いや、私ここの医者です」と言うと、「あのな、そんなことを言っていると退院できないぞ」と言われたりして、ほとんど医者と患者との区別がつかないみたいです。それはとてもいいことだと思っています。

言っては悪いのだけれど、トラウマについて日本の精神科医ははなはだダメです。理解力がないのです。なんでトラウマが普及しないのかというと、医者に根性がないからだと思います。ある患者さんが会社でパワハラにあった。それでうつ病になって別な心療内科に行ったわけです。そして「眠れないんです。突然涙が出てくるんです。会社でパワハラを受けたんです」と言ったら、その医者はとたんに不機嫌になって話を聞かなくなったと。精神科医はパワハラとか、被害者・加害者の関係に自分ははまりたくない。自分は面倒なことにまきこまれたくないということがあるようです。

原発事故で避難して大変だった、東電が悪いと思っていても、この医者には話していいのだろうかと患者さんはまず考えます。あるいは放射能がこんなに怖かったと、この医者には話していいのだろうか。この医者に話すと怒られるとか、そういう警戒心を患者さんはもっています。そういう点では、私のところでは、ここではしゃべってもいいんだと思ってくれるのかもしれない。そういう、診察以前の医者のトラウマに対する許容度も問題だと思います。

闘うことは生きること～原発事故避難者のPTSD

ふるさとを返せ　津島原発訴訟

「ふるさとを返せ　津島原発訴訟」は、平成23年3月11日の福島第一原発事故に伴う放射能汚染によって「ふるさと」を追われた、浪江町津島地区の住民による集団訴訟です。津島地区の住民は、代々培われてきた伝統芸能や先祖が切り拓いた土地を承継しながら、地区住民がひとつの家族のように一体となって、豊かな自然とともに生活してきました。

ところが、津島地区は、現在もなお放射線量の高い帰還困難区域と指定され、地区全域が人の住めない状況となっています。津島地区の住民は、いつかはふるさとに帰れると信じながらも、いつになれば帰れるかわからないまま、放置されて荒廃していく「ふるさと」のことを遠く避難している仮住まいから想う日々です。

国及び東京電力は、広範囲の地域の放射能汚染という重大事故を起こしておきながら、原発事故に対する責任に正面から向き合おうとしません。国及び東京電力のこのような姿勢に堪えかねた津島地区住民の約半数となる約230世帯700名の住民が立ち上がり、平成27年9月29日、国及び東京電力を被告として、福島地方裁判所郡山支部に集団提訴をしました。

（同弁護団ホームページから）

裁判の長期化はセカンドレイプ

「ふるさとを返せ　津島原発訴訟」原告団の訴えに対し、郡山地裁は２０２１年7月30日、国と東電の事故責任を認め、原告らに約10億円の損害賠償を命じた。しかし除染を十分に行って元の故郷を返せという原状回復要求は却下された。

つまりいま全国に54カ所もある原発で、もしも破局的な事故が起きたら原状回復は行われず、住民側は一方的に「やられ損」になることを裁判所は認定したのである。

２０２０年秋、津島原告団長の今野秀則さんを避難先のご自宅にお訪ねしたことがある。「生業《なりわい》裁判」が同年9月に仙台高裁で勝利したこともあり、さぞかし気を良くしておられるだろうと勝手に思っていたが、そうではなかった。今野さんの言葉は苦渋に満ちていた。裁判を起こして5年というもの、避難している原告たちの迷いや苦悩や不安がいかに大きかったか、原告団をまとめていくのがいかに大変だったかと語って下さった。

原告団の人たちの多くが高齢者である。そして高齢者の避難は最もストレスが高く、震災関連死も多い。福島の震災関連死の95％は60歳以上で、その25％は避難途上においてである（ＮＨＫ、ＥＴＶ特集「震災関連死　何が命を奪ったのか」２０２０年放送）。さらに裁判は長期化が予想されている。

だから裁判に勝利することだけでなく、原告たちが生き延びることと両立させなければいけない。仮に十数年かかって裁判に勝利したとしても、原告のあらかたが死んでしまっていたら、それでも勝利と言えるのか。——正義を貫くことはいつも正しいのか？　難しい問題だ。今野さんの苦渋の深さを見る思いがした。

それから2年後、２０２１年7月の一審判決前集会で今野さんから聞いた。裁判を始めて間もなく6年、この間に50人の原告が亡くなったという。裁判の長期化はＰＴＳＤと亡くなる人を増やす。裁判闘争とは、こんなにつらいものなのか。

浪江町の３・11

浪江町津島地区とは、東電福島第一原発に近い浪江町の海岸から国道１１４号線を北西に走り、阿武隈山地に抱かれた一角で帰還困難地域である。

福島県双葉郡浪江町は海と山と川に囲まれ、訪ねてみると本当に穏やかで、自然の美しい町である。東日本大震災の時の人口は2万１４３４人（このほか外国人１０８人）であった。２０１１年3月11日、この町を震度6強の揺れと15メートルを超える津波が襲い、全壊家屋６５１戸（流失５８６戸、地震65戸）、約１０００事業所が被災、死者１８２人（うち行方不明31人）の被害を受けた。

さらに地震とほぼ同時に起きた東電福島第一原発の事故によって全町民が避難対象となり、現在も、町の面積の8割が帰還困難地域である。町民の3割は県外避難を続けている。長引く避難生活による震災関連死378名を数えた（2016年7月、浪江町役場HP）。

国や福島県は、緊急時迅速放射能影響予測システム（SPEEDI）で放射線量が高かったことをわかっていたのに、公表しなかった。とりわけ浪江町の馬場町長（当時）ら役場の関係者は、もっぱらテレビを通じて国の避難指示を知った。他の自治体のように避難情報が入らなかった。浪江町役場が避難方針を決定したのは3月15日午前10時である。

浪江町津島中学校

体験を語り合うセッション

2019年3月、18歳以上の原告団の方々を対象に震災ストレスの強さを調べた。その結果、48・4%の人がPTSDハイリスク状態にあることが判明した。この数字は辻内琢也らの調査した関東圏における避難者のPTSD得点同様に、これまでの国内の災害の中で最も高い。そこで、実際に津島地区の方々の体験をお聞きするために、２０１９年10月26日に二本松市男女共生センターでグループセッションを開いた。

みんないなくなって放射能の雪が降る

Lさん（男性、65歳）は人格・識見とも安定した方で、若いころ同志社大学に学び、県庁職員を経て社会福祉協議会に勤務していた。仕事だけでなく、彼は常に地域の人々のために控えめながらリーダー的役割を務めてきた。

震災の時、福島県浪江町は停電も断水もしなかった。そのため津島の人たちは、政府の避難指示によって逃げてきた双葉町・大熊町・南相馬市の人々を受け入れ、必死で炊き出しに没頭した。テレビを見る暇もなかった。みな「困っている人を助けるのは当然だ」と思っていたし、原発は安全と思っていた。

3月15日午前10時、町の対策協議会で町長が避難の決断をした。区長としてLさんは各戸を回って避難するように伝えたが会えなかった人もあり、その夜は自分は避難せずに一人残った。その夜の心境をLさんはまるで詩のように語られた。

3月15日の夜は霧雨だった。おそらくみんないなくなって自分一人だけの夜更《よふ》けに、タバコを吸った。闇の中で自分のタバコの火だけが、ボウッと明るかった。まるでそれは夢の中みたいだった。現実感覚がなくなった。

ひょっとして「チェルノブイリと同じことになるんだろう」と思い、しかし他方では「30キロ離れているし避難しても1週間あれば帰れるだろう」という楽観もあり、この二つの考えが入れ替わり立ち代わり頭の中を巡った。

朝方、霧雨は雪となり、10センチくらい積もった。放射能の入った雪だと思った。

「まるでそれは夢の中みたいだった。現実感覚がなくなった」というくだりでは、極度の緊張と孤独によって現実感覚の低下（感情麻痺）が起きていることがわかる。

故郷が「チェルノブイリと同じ」廃墟になるのかという恐ろしい予感と、「1週間あれば帰れるだろう」という思いの間で逡巡する体験は、当時避難したすべての人の思いだったろう。やがて朝になり、降り積もった朝の雪の中に放射能が存在するという事実を受け入れる。

以上にあげたLさんの体験は、大切な人を亡くした後に起きる「喪失反応」と同じである。それは誰しもが体験する正常な反応であり、大震災を体験した実に多くの人々がTさんのような体験をしたに違いない。しかしそれが、「夢の中みたいだった」という感覚や、「チェルノブイリのようになる」という恐怖の体験は個々人の心の奥に個人的なものとして閉じ込められる。強い恐怖を伴う記憶はもっぱら自分自身に襲い掛かり、当人はその対応にかかりきりとなって、「まさか他の人が自分と同じ体験をしている」などとは考え及ばない。だから「これは自分だけの秘密の体験だ」と考えて、おいそれと他人には語れなくなる。

Lさんはその後、ADR（原子力損害賠償紛争解決センター）や国会交渉などの先頭に立つことになるが、「相手とまともな会話ができない」「相手はまるでヌエか化け物か」という砂を噛むような思いを繰り返しさせられた。それは、自分が生きてきたことを否定され侮辱されることであり、途方もない無力感にさいなまれた。しかし、そのたびに冷静を取り戻して「怒ることこそが生きるためのエンジン」だと思ってこれまで生きてきた。

Lさんにとってもう一つの深刻な問題は、「今いる土地が、自分が本来いるべき場所ではない」という思いである。彼は避難先の老人クラブの集まりに参加しても、そこには共感できる話題がない。土地の神社の行事を話し合っている時、自分の住んでいた津島地区の神社と謂われも歴史も違うので話に入っていけない。そのため避難先で何もすることがなくて困っている。

ずっと地域の人々のために生きてきたのに、この地域は自分を必要としない。あんなに尽くしてきた地域を失ってしまった。とLさんは慨嘆する。

人は他人との肯定的なかかわりを持つことによって、自分の生きる価値を感じ取ることができる。今の地域の人々と意味のあるかかわりを持てず悶々としている時、一人の老人が話しかけてきた。なんだろう？　やっと地元の人と新しいかかわりが持てるだろうかと期待したが、話は違った。

「いま住んでいる家はいくらしたんだ？　５０００万円くらいか？」

それは「東電からいっぱいもらったんだろう？」という底意を含み、敵意に満ちていた。期待していたLさんは、情けなくて悔しくて絶句した。（そしてこの件を語ってくださるときのLさんは涙ぐんでおられた。）

故郷は心の被膜

失って初めてわかることだが、故郷の山や川、夏祭りや伝統芸能、近所付き合いなどは、私たちの心を傷つきから守ってくれ、癒してくれている。引越しをして隣近所のつながりを根こそぎ喪失した女性が、ささいなトラブルに傷ついて発症するのが「引越しうつ病」である。故郷や近所付き合いを失うと、（特に高齢者は）ストレスに傷つきやすくなる。

話題としては変わるが、近年、在宅での看取り死が推奨されるのは、長年住み慣れた自宅という環境が当の患者を守り、癒してくれるからである。最期の日を迎えようとする病人の、視界に広がる障子や壁や電灯その他の景色が、ひとつひとつ「自分の生きてきた日々」を肯定してくれる。自分の来し方と縁もゆかりもない人工的な病院とは天と地のように異なる。このように、故郷や住み慣れた住居などは、私たちを守ってくれる「心の被膜」である。

「近隣の人々や地域の行事や文化」という心の被膜を失った原発事故避難者はとても傷つきやすくなる。

心配なのは再度の事故…ライオンは寝ているだけ

Nさん（男性、62歳）は、原発事故当時、両親と妻、息子の5人で暮らしていた。経営していた電子部品の加工会社も順調で、このままの穏やかな生活が一生続くものだと思っていた。避難指示が出た3月15日。故郷を去ることを嫌がる父（89歳）を説得して家族で家を出た。妻のUさんは、体の不自由な父と母（80歳）を介護しながら転々と避難を繰り返す中で眠れなくなり、毎日薬を飲むようになった。そんな過酷な避難生活の中で、２０１４年に父が、２０１６年に母が認知症を発症し亡くなった。

高齢者に避難生活などのストレスの多い環境変化は残酷である。認知症だけでなく、脳血管障害や心筋梗塞などのリスクが高まる。

それだからNさんは、「自分たちにとって一番の心配は、廃炉作業中の原発が再度大きな事故を起こさないかどうかだ」と言う。もし再度の事故が起きれば、「また、あんな過酷な避難を繰り返すことになる」と。

朝日新聞の青木美希記者が書いた『地図から消される街』の文中で、一人の避難者が「原発は、一度襲ってきたライオンが寝ている状態。政府は『大丈夫だから帰るように』というが、危険が去ったわけではない」と述べるくだりがある（青木美希『地図から消される街』）。

Nさんも、原発事故は「ライオンは眠っているだけ」とばかりに、再度の事故への警戒感を隠さない。

原発は通常運転でも放射能を大気と海へ放出し続けている。2014年に南相馬市の稲から放射能が検出された時の説明会では、原子炉建屋からも常時セシウムが放出されていることを東電が認めている（同書）。

NHKの報道によると、「福島第一原子力発電所から放出されている放射性物質の量について、今年1月までの1年間の放出量が、前の年と比べて2倍近くになっている」（2019年3月8日）という。東電は廃炉作業によって一時的に増えたのが原因だとしているが、原発事故は決して終わったのでなく、眠っているライオン同様にいつ再度の事故を起こすのかわからないのである。

福島に住んでいいのか…放射能への不安

Tさん（女性、60代）は夫と彼女と娘とで自営業を営み、4世代の家族は10人を数え、「原発事故がなければ家族みんなうまくいっていた」。3月11日に浪江町では停電も断水もなく、大丈夫だと思っていた。12日の1号機の爆発をテレビで見たが恐怖感はわかなかった。しかし3号機の爆発を知って「ただごとではない」と感じ、14日に一家で避難することにした。子どもを守るには避難しかないと思った。

しかし避難するかどうかを巡って、それまで喧嘩したことのない兄と対立した。やむなく88歳の母と兄と別れて、Tさんたちは避難した。兄はそのとき肝臓がんを患っていた。老いた母と病気の兄を置いていくことに心が引き裂かれ、Tさんはつらくて泣いた。

高速道路は不通となり一般道を南下したが、どこにも水やガソリンを売っていなかった。やっと埼玉県越谷市のガソリンスタンドに並んだ時、1人何リットルまでと制限して販売していたのに、「いわきナンバー」を見て福島からの避難者と知った店員がガソリンを満タンに入れてくれた。ありがたかった。地獄で仏に会った気がした。

今は福島県内に避難して生活しているが、「幼い孫たちにとって放射線の影響はないか」「福島に住んでいていいのか」という問いを繰り返して自分を責め続けている。

県外の人が、福島県在住の人を「なぜ避難しないのか」と批判し、時には悪罵を投げつけることがある。しかし県外に避難しても仕事や住居がなく、経済的に生活していくめどが立たない。そのため県内で暮らしているのだが、だからといって決して放射能を安全だと思っているのではない。日々「福島に住んでいいのか」と煩悶している。
そんな時、横浜で避難者の子どもがいじめられる事件があった。

「ばいきんあつかいされてつらかった。福島の人はいじめられると思った」、「ばいしょう金あるだろ、お金持って来いといわれた」、「ていこうすると、またいじめられると思って、ただこわくてしょうがなかった」、「なんかいも死のうとおもった」、「でも、しんさいでいっぱい死んだから、つらいけど、ぼくはいきるときめた」
（2017年3月8日、朝日新聞デジタル「原発避難でいじめ被害　男子生徒の手記2通全文を公開」より）

こうしたことを耳にするたび、子どもが他の土地に行って、そこの学校に入ることがいかに過酷なことかと考えてTさんの心は揺れ続ける。

ラーメン屋さんの温情

Aさん（女性、30代）は、根っからの津島っ子だった。近所のおばあさんと山菜やキノコ取りに行くなどして、子どものころから津島の豊かな自然を満喫していた。3月11日は、東電に勤めていた弟から「ここにいては危ない」と言われ、3月12日にはオニギリなどの食料を支度し、自動車のガソリンを満タンにした。そして5台の車に分乗し、弟の家族その他合計30人に膨れ上がった集団で、栃木県を目指した。

夕方になり、店を閉めようとしていたラーメン屋さんを見つけたので、わけを話し、無理を言ってラーメンを人数分作っていただいた。あの時の温情は忘れられない。

しかし、避難先の栃木の学校で娘が「バイキン」と言われていじめられ、不登校になった。娘がそんな風に言われて、自分もよその土地で心細くて「自分もバイキンだ」と責めた。今も娘は地震が来ると涙するという。

前記のTさんが埼玉県越谷市のガソリンスタンドで、店員さんの温情でガソリンを満タンにしてもらった体験といい、閉めかけた店を開けてくれた栃木県のラーメン屋さんといい、避難先での「灯台のような出会い」があるものだ。しかし同じ栃木県でバイキン扱いされた。避難者を快く受け入れてくれる人々と、差別する人々とはどこが違うのだろうか。

快く受け入れる地域の共通点

合併によって町の名前は消えてしまったが、福島県旧東和町（現・二本松市）の住民たちによる地域おこしは有名だった。1996年ごろ、私は住んでいた青森県から岩手県の東和町に出かけ、ＫＪ法の発案者である川喜田二郎先生の「町おこしとエコミュージアム」という講演をお聞きしたことがある。（夜には川喜田さんと酒を飲み、お互いロレツが回らないほどべろんべろんに酩酊した。）

そんな縁もあり、「全国東和町サミット」（岩手県東和町、宮城県東和町、福島県東和町、山口県東和町）という同じ名前を持つ小さな町が「自然と文化と観光」、「農村と都市の交流」などのテーマで会議を開いてきた歴史の一端をかねてから知っていた。たまたま震災後に福島県旧東和町の道の駅を見学に行く機会があった。この地域がとても意欲的な町づくりをしていることがわかった。何よりもこの町の人たちの熱が伝わってきた。

Uさん（女性、60代）によると、避難先の福島県旧東和町では、原発事故の避難者と知りながら、地域の人たちはとても良くしてくれたという。放射能に対する偏見もなかった。

もしかして住民の改革的な意欲が高く、人と人との基本的信頼感の厚い土地では避難者へのいじめが少ないのかもしれない。そんな話を北海道釧路市の会議で知り合った女性（40代）からもお聞きした。彼女は次のように教えてくださった。

娘が小さかったころ（つい最近ですが）、福島から転入してこられ、お仕事の都合で他の町に転出するときに、娘のクラスの保護者の集まりで「他の町に引越していったお友達の中にはいじめられた子も多かったのに、この町では仲良くしてくれて本当にありがとう」と泣いてご挨拶された保護者がいました。小さい町に該当するか、結束がどうであったかはよくわかりませんが、こちらも泣きそうになりました。（オホーツク地方にあるK市。最近はカーリングの町として有名。）

いじめというのは、その集団の病理性が高いから起きる。集団の病理性とは、集団を形成する個々人が未熟で自立心に欠け、不安が強いので「仲間意識又は付和雷同的対人関係」の度が病的に高い。例を挙げれば、中学校の非行グループのようなものである。そこは集団としての病的なまとまりが強いのでよそ者を排除する。つまりイジメが起きやすい。逆に言うと地域住民の独立心や精神の安定、他人に対する尊敬、そして「人を信じてもいい」という意識や、生きることへの意欲が高い地域ならば、原発事故避難者に対するいじめや排除はなくなるのかもしれない。

避難先で「自分の故郷は津島」と感じた

Jさん（女性、60代）は子ども時代は転勤族として育ち、自分の故郷を意識することはなかった。3月12日、防災無線で浪江町中心部の人たちが津島地区に避難してくることを知り、地区の活性化センターに駆けつけた。朝から夜まで炊き出しに没頭し、テレビを見る暇もなかった。3月15日、避難が決定した時、義母が「私は逃げない、墓を守る」と言って抵抗した。そこに知り合いの東電社員が居合わせ、「もう津島には帰れないよ」と言ったところ、義母は体を固くし、それ以後は言葉を言わなくなってしまった。

栃木県の「那須青少年自然の家」に義母を伴って避難したが、それまで元気に歩いていた義母は、一転して食事以外は終日寝ているだけの生活となった。夫がいない時に、義母にもしものことがあったらどうしようと心配した。

自衛隊の音楽隊がやってきて『ふるさと』を演奏してくれ、皆で歌った。津島に嫁いで40年、初めて自分の故郷は津島だと実感した。涙が止まらなかった。そんな大切な「私の津島」を、放射能が汚染して「私の生きてきた40年」を否定されたように感じた。Jさんは避難先で、嫁いで40年暮らした津島と津島の人々が、自分をいつもあたたかく受け入れてくれた故郷であったことを知った。

国内発難民（IDP）

東京電力福島第一原子力発電所（以下、第一原発とする）の事故により、福島の人々は住み慣れた地域や近隣とのつながりを失い、生活手段を失い、帰る土地と明確な未来とを失った。現在も

5万人余の人々が避難している（2019年5月14日時点、復興庁による）。こうして避難している人々を〝難民〟と言うべきである。原発事故による避難者は、国境を越えた難民（refugee）でなく、クルド人難民のように、宗教的政治的な理由による国内発難民（ＩＤＰ；Internally Displaced People）に該当する。

そして、国内発難民という視点で振り返ると、在日韓国朝鮮人やかつての満蒙開拓団、戦後に〈外地〉から帰国して定住先もなく戦後開拓に入植した人たち、中国残留日本人帰国者、沖縄戦当時、米軍収容所に閉じ込められ住居や土地、財産などを失った32万人の人たちも国内発難民と言えよう。（戦前に沖縄県宜野湾村の住民だった人たちは、故郷が嘉手納飛行場となり、今も故郷に帰れない。）

命からがら満州から引き揚げてきた人たちは定住先も仕事もなく、「満州乞食」と言われて馬鹿にされた。それは今の原発事故避難者が、いじめや差別を受けていることとまるで違わない。オスロ難民センターが報告したところによると、難民のＰＴＳＤ発症率は通常の8倍高い（ヨーロッパストレストラウマ解離学会、2014年）。欧州の難民同様に「国内発難民」というカテゴリーに属する人たちはＰＴＳＤのリスクが高いことが予想される。辻内らは原発事故避難者のＰＴＳＤリスクを高める要因として、原発事故直後の死の恐怖（2・0倍）、故郷喪失感がつらい（2・0倍）、避難先での嫌な体験（2・1倍）、悩みを相談する人がいない（2・2倍）、家族関係に困難（2・3倍）、生活費の困難（2・7倍）の6つの要因を上げている（28頁参照）。

「人災」であることによるストレス

「天災」はコントロール不能な自然の力によって引き起こされるため、人間はそれに屈服する以外に方法がない。そして、電気や水道などのライフライン、学校や病院といった公共施設、住宅や商店街、電車やバスなどのインフラが復興すれば「震災から復旧した」とされる。

これに対して「人災」は、予防や減災が可能であるにも関わらず十分に対策されなかったために引き起こされる。それゆえ人災の解決には、責任の所在を明らかにして加害者を特定し、加害者が謝罪し、加害者が原状復旧したうえで損害賠償を実現することが必要だが、とても時間がかかる。「生業を返せ」裁判においては、仙台高裁が国と東電に事故発生の責任があるとの判決を下したが、国などは控訴したので事故以来11年たっても加害者が確定しない。「天災」と異なり、「人災」の場合には被害者において、加害者に対する口惜しさや怒りの感情が生まれ、時には「人を信じる心」までも傷つく。

そして被害者の心の傷は加害者の言動によっていちいちかきむしられる。例えば政府の原発再稼働の方針を聞いた女性は、「南相馬市から避難して暮らした11年は無駄だったというのか」と憤る。慣れない土地で暮らした悪銭苦闘の11年の避難生活が全否定され、彼女は怒りと落胆とに苦しめられた。「傷口」にせっかくできた「カサブタ」が、加害者の心ない一言ではがれて血が流れる。加害者が心底反省して謝罪することがないと、被害者の心の傷は癒えない。

山口摩弥らによると、阪神淡路大震災では「家屋が全壊した者など震災による被害が大きいものの方が、そうでないものに比べてストレスが大きい」ことが報告されている。これに対して、原発事故によって関東に避難した人たちの2012年調査において、「女性では、家屋が全壊した者よりも半壊あるいは一部損壊した者のほうが怒りや無気力感」というダメージが大きいという。また、「家が住める状態なのに、避難せざるを得ない苦しみ」について避難者から多く聞かされたという。通常なら阪神淡路大震災のように家屋破壊の大きい方がつらいはずである。しかし原発事故避難者（女性）においては、これとは全く逆に、「家が半壊で、住める状態なのに住めないつらさ」という「狂おしいまでの帰宅願望」が凌駕しているのである。つまり、単なる「モノの喪失感」ではなく、「家に住みたい希望が叶わない」という強烈な感情を原発事故避難者の多くが抱えている。（山口摩弥他「東日本大震災に伴う原発事故による県外避難者のストレス反応に及ぼす社会的要因～縦断的アンケート調査から～」心身医学56（8）、819～832頁、2016年）。故郷を失った原発事故避難者に特有の、このような精神的な苦痛に思いを致さなければ、私たちは間違う。

沖縄戦と原発事故避難…ともに地続きで現在に

２０１９年3月、私は「出来事インパクト指数改訂版」（ＩＥＳ-Ｒ）を用いて津島地区の人たちの震災ストレスの強さを調べた（調査対象６２０名、回答率82・7％、欠損回答を除く有効回答数は５０４名、男女ほぼ同数）。その結果、48・４％の人たち（男47・４％、女49・４％）がＰＴＳＤ（心的外傷後ストレス障害の）ハイリスク状態にあることが判明した。ハイリスク状態とは、ＩＥＳ-Ｒのスコアが25点以上の場合を指す。

この数字は、辻内らによる関東地区の避難民調査と並んで、これまでの国内の災害の中で最も高い。通常、ＰＴＳＤリスクは時間とともに低下していく。しかし津島地区の人々のＰＴＳＤリスクが8年たっても低下せず、むしろ高くなっているのは、避難生活の長期化や裁判の長期化、先の見えない不安、母集団の高齢化（60歳以上が60％）などによるものと考えられる。参考までに原発事故避難者、阪神淡路大震災、中越地震、沖縄戦体験者、韓国の元「日本軍従軍慰安婦」などのＰＴＳＤリスクについて紹介する。

a）早稲田大学・辻内琢也らは、震災翌年から埼玉、福島、東京でＩＥＳ-Ｒを用いて原発避難者のＰＴＳＤリスク調査を行った。それによると、２０１２年埼玉に避難した者の調査ではハイリスク群が67％、２０１３年の福島調査では65％、同じ２０１３年の埼玉・東京調査では60％、２０１４年埼玉・東京調査では59％、であった。

（早稲田大学震災復興研究論集編集委員会・編集『震災後に考える：東日本大震災と向きあう92の分析と提言』２４４―３５６頁、早稲田大学出版部、２０１５年）

b）新潟県中越地震（２００４）において震災2年後にＩＥＳ-Ｒが25点以上のＰＴＳＤハイリスク群は25・９％であった。

（塩入俊樹「災害時のこころのケア：新潟県中越地震の経験を通して」『精神神経学雑誌』１１２巻、５２１―５２9頁、２０１０年）。

c）岩井圭司らが阪神淡路大震災の後45―47カ月に仮設住宅と復興公営住宅に住む被災者を調査したところ、ＰＴＳＤと診断された者が９・３％であった。

（「神戸大学医学部紀要」60巻、2～4号、１４７―１５５頁、２０００年）。

d）筆者も参加して沖縄戦体験高齢者４００名の大規模調査を行ったところ、ＰＴＳＤハイリリスク群は39・３％であった。

（當山冨士子編『戦争とこころ』１９８―２０８頁、沖縄タイムス社、２０１７年）。

e）第二次大戦から60余年経過しているものの、元日本軍朝鮮人慰安婦のＰＴＳＤは30・８％であった。

（S.K.Min, Posttraumatic Stress Disorder in Former “Comfort Women”, 161-169, Isr. J. Psychiatry Relat Sci, vol.48, 2011）。

このように比較すると、津島地区のＰＴＳＤリスクの高さは、国内の他の震災をはるかに凌駕していて、沖縄戦体験高齢者のそれに匹敵する。ところで沖縄では、地上戦が終わった後には米軍占領が続き、今も毎日深夜まで米軍機が住宅地の上を飛んで騒音をまき散らしている。また2、3日ごとに米兵による事件・事故が発生し、女性に対する性暴力も繰り返されている。だから沖縄戦はまだ終わっていない。沖縄ではあの戦争と「地続き」で米軍基地被害が続いている。そして、原発事故避難者のストレスも、沖縄同様に「地続き」で続いている。原発事故避難者と沖縄の基地被害とは、この点において酷似している。

故郷に帰ろう

本書を書くきっかけとなった佐藤真喜子さんは、現在、東京の大学を卒業し、ライフワークである演劇に片足を突っ込み、他方で故郷の福島県大熊町の復興プロジェクトに参加しておられる。原発爆発のあと近所に誰もいなくなり、放射線防護服を着た自衛隊に救出され、幌のかかったトラックに乗せられて夜の闇の中を走った。トラックの中で、「原発で働くお父さんは死んでしまうのだろうか」という絶望に駆られた。行く先々の避難所で放射能汚染を疑われて断られた。同じ福島弁を話す人々から拒絶され、昨日までの多数派からまさかの少数派に転落するとは。それは想像もしたことのない出来事であり、彼女にとっては衝撃的だった。夜の闇を走るトラックが小休止した時、一人の自衛官が飲み物を買ってくれた。その飲み物の温かさに感動したと彼女は教えてくれた。

マッキーこと佐藤さんが私のクリニックに来たのは高校生の時だった。避難と引越しを繰り返し、違う土地に溶け込めなくてつらい日々だった。「マッキー」とは私が勝手につけた愛称である。彼女は原発事故避難について何もわからないでいた私の師匠だった。避難先で体験した不快な事柄も、「そんなことが一体起きるのか?」と私には初耳だった。避難という体験も、避難先でも、高校でもずいぶん苦しい思いをされたのだと思う。そしてもしかしたら、マッキーの故郷への恋しさには、前述した原発事故避難者特有の、「モノの喪失」とは次元の異なる「狂おしいまでの帰郷願望」があるのかもしれない。

マッキーのように、いやも応もなく強制的に故郷から引きはがされた人の方が、故郷喪失のつらさは大きいのだ。その不条理・無力感・くやしさ・せつなさ。故郷も自宅も残っているのに、手が届きそうでいて届かない「あいまいな喪失」は、自分の意志の着地点が永遠になくて心が定まらない分つらいのだと思う。

やはり大熊町から避難して当院に通っている女性が言った。

「家を出て行った時の大熊の空気と、今感じる大熊の空気は、何年たっても変わりなく温かいはずだよ。故郷の空気はいつもやわらかいんだ」

「避難のつらさを体験したから、すべてを受け入れてくれる故郷の愛しさが染みるはず。みんな故郷に帰りたいはず」と。

津島地区の85歳になるある女性の言葉で締めくくる。「故郷での生活はそれほど私自身の生活と一体のものだった。欲も何もない。ただ帰りたい。生きているうちに帰ることは叶うまい。だが、何時《いつ》かは故郷に帰る。私が死ねばそこが帰る場所だから」（福島県社会福祉協議会「3・11　ある被災地の記録〜浪江町津島地区」）。

（初出『世界』2020年1月号）

■友人からのひと言■

苦界を泳ぐ作法

精神医療国家賠償請求訴訟研究会 代表　東谷幸政

水俣の海に臨んで海と人を凝視してきた石牟礼道子の生き方、人との向き合い方と福島の放射線汚染の大地で精神科臨床という場面で市民との暮らしの在り方を模索する蟻塚亮二の作法には通底するものがある。

有機水銀中毒の害毒に侵されて本人も家族も地獄の苦しみを味わい尽くしている現場で石牟礼が単なる作家として傍観者の安全な位置に逃げるのではなく、チッソとの団体交渉の現場や本社へのデモの現場に常に関与し前線に立ち続けて来たように、蟻塚は精神科臨床と暮らしの現場、福島の前線で人と社会の中で苦界を泳ぎ続けている。

石牟礼の『苦海浄土』が有機水銀中毒の地獄で生きる人々からの聞き取りで構成されていたように、蟻塚の記録もまた、放射能汚染によって分断された地域社会、人々の暮らし、家族の在り方を精神科臨床とその範囲を超えた民俗学的聴き取り、エスノグラフィによって成り立っている。

今も数万人の放射能避難民が存在し、家族が引き裂かれている福島ではこころを病んだり地縁を奪われて流浪する民が数多く存在する。あえて蟻塚は沖縄での地域精神医療の実践からその福島に現場を移した。今も続く惨劇を忘れたかのように、我が国では老朽化した原発の操業延長を認めるという信じがたい決定がなされた。こともあろうに、8基の原発の新設まで進めるという。このような決定が流浪を余儀なくされている原発避難民のこころをいかに痛めつけるか、想像に難くない。そうした人々の現実に蟻塚は日々、向き合っている。

彼の成育歴は福井県の開拓農家の貧困の極みの中で生まれ、極貧の中を成長し、勤勉刻苦し、国立大学医学部を卒業して精神科医になった。しかし、エリート医師の道を歩むという道を彼は選択しなかった。病院勤務医の時代には労働運動に手を染めたが、それを弾圧したのは自称前衛を謳う党派であった。青森の民間病院の院長になった彼は、現場での精神医療の質の改革に取り組むとともに、日本の精神医療総体の質の改革にも取り組む。

ＷＨＯから派遣され、日本の精神医療の現場を見て歩き、「クラーク勧告」（1968年）と呼ばれる日本の精神医療への改革提言をまとめたイギリスの精神科医、Ｄ・Ｈ・クラークの提言を日本政府は無視したが、その内容は日本の精神医療の未来にとって不可欠なものと考えた蟻塚は、この勧告の翻訳、出版を行っている。その内容は50年あまりを経過した現在でも古びていない。

まだ30代末の若さでの発がん。そしてうつ病の発症。繰り返しがんは彼を見舞い、人生の半ばから以降は常にがんとともに生きる人生を生きている。高速道路で追突されて危なく命拾いする体験にも遭遇している。まさにサバイバル。「生き残ることが人生だ」とか、「生きているだけで丸儲け」などと人はよく口にするが、蟻塚の場合は比喩ではない。

そのような境遇のなかで日本の精神科医療の悲惨な現実と向き合い、現場を変えようとしてきた。

彼の功績の一つは沖縄における遅発性心的外傷症候群（ＰＴＳＤ）の掘り起こしだろう。ハーマンらによって広く知られるようになったＰＴＳＤだが日本の精神科医は見落としている傾向が強い。沖縄の戦場での悲惨な体験をくぐり抜けた人々が数十年経過した後になって発病し、不眠を訴える傾向があることを発見した蟻塚は、これまで精神科医が統合失調症と診断してきた様々な不可解な症状が戦争の傷であることを見出した。それによって大きく治療指針が変わり救われた人々が存在する。

今、彼が活動する福島でも、ＰＴＳＤが発症するリスクを抱えた人々が多数存在する。原発被災、避難した女性たちを襲う性的加害。そうした現実に目を反《そ》らさず、向き合う。

それが蟻塚の作法である。

II　当事者の語りから～私の仲間たち

生活者たち

カルテの上では医師と患者となるが、私にとって彼らは「ともに同じ時間に相馬で生きる仲間」たちだ。そんな仲間の何人かに「思うこと」を書いていただいた。ヨーロッパの会議で、精神病床を廃絶したイタリアの代表が言った。「精神障害というのは、その人の10％かそれ以下でしかない。彼らは精神障害うんぬんより以前に一人ひとりが頑張って生きている生活者なのです」と。そこで、たまたま当院に来られている私のかけがえのない友人たちに書いていただいた作品を紹介します。ここに書かれた「日記」たちに共通するのは、「こんなにつらいけれど生きよう」です。「生きる」ことに理屈もへったくれもいらない。傷つきや挫折は必死で生きている証拠だ。これを読んでいただくと、当院が被災者の診療だけに専念しているわけでないことがわかります。

女性詩人のMさん

最近手にした詩集にMさんの心境と近いだろうという作品を見つけた。Mさんはひきこもりの人で、父と二人暮らし。父の商売を手伝っていて、息苦しくなるとふと長旅に出る。まるで〝寅さん〃のような詩人だ。

「逃げる」という言葉を聞くと　わたしはいつでも血がたぎる
思いがけない期待にあふれて　舞い上がりそうになる
だだっ広い牢獄をぶち壊した　兵士たちの話を聞くと　いつでも
私は子どもみたいに檻を揺らす　だけど失敗　またしても
（『私は誰でもない　エミリ・ディキンスンの小さな詩集』川名澄編訳、風媒社）

ディキンスンは厳格な父に息苦しさを感じながら思春期を過ごした。詩人のMさんもお父さんと二人暮らしの生活で息苦しいらしい。そして手作りの詩集をこともなげに私において行かれる。私が感心するのは、彼女の作品にみる凝縮された日本語の使い方である。

ディキンスンは生前は無名だったが、20世紀になって作品の文学的評価が高まり、今日では米国を代表する女性詩人となったとされる。先週ふと漏らした、「父が家を出て暮らしてもいいいって」とMさん。すかさず私は言った。相馬から全国にうって出る時期だべ、と。このやりとりがあって以来、彼女は姿を見せなくなった。便りがないのは良い便り。Mさん、旅先でこの本をどうか見つけてくれるように。それとも、いつもの長旅のように、ひょっこりと顔を出すのかな。

次に彼女の作品の一部を紹介する。

私が私でいることを忘れかける頃に
世界が呼吸する音が聞こえてくる

*

絶望の淵に立って眺める街は
いつも通りでしかなくて
ここで生活していた私が
かわいくて仕方がない

*

えらかったね
ご飯を食べたり
眠ったりして
えらかったね　かわいかったね

*

地球が生まれたことさえも

私の過去なのだろうか

＊

いくつ、と聞かれて
何の数を答えるのだろう
私は一つです
私は私一つで成り立っていますし
数えきれないいくつでも成り立っています
身長は１６９㎝です

＊

わたしたちは
春をやるための
共犯者でした

＊

ハッとするような美しさも
眩しいばかりの艶めきも
射抜くようなまなざしも

全て失われた過去の産物
もう私たちは少女にはなれない

＊

恋人にだいじにされすぎて
カップ麺すら
自分で作れなくなりそう

＊

どんぐらい好き
って聞いたら
体から光が出て
爆発するくらいって言われた。
やめて

震災に向き合った数えきれない女たち

原発事故から間もない時期に、夜の東京の雑踏を歩いたAさんが教えてくれた。「至るところのイルミネーションの中を歩いて、私は殺意を感じた」と。昨日までの平和な暮らしから、一転、知らない土地で狭い仮設住宅に追いやられた彼女にしてみると、その不条理をつなぐ言葉は殺意しかなかったのかもしれない。

映画『風と共に去りぬ』の時代背景は、原発事故避難と似ている。戦場、避難、別離、喪失。そして心の故郷のタラの土地で生きていくという再生への決意。私は思う。クライマックスの場面での「Tomorrow is another day」（明日こそはいい日だ）の言葉を、福島の多くの女たちが、地元で、あるいは避難先で、繰り返し自分に言い聞かせたのではないだろうか。

避難先で嘆くばかりではなく、多数の人が明日に向けての人生を選びとり、再生への誓いをしたにちがいない。

ここに紹介する米倉さんは、それまで暮らしていた大熊町から強制的に土地を追われた。人たるもの、きちんとした理由と説明があって十分な納得があれば、避難も引越しもできる。「自主的な判断」のもとに避難を強いられたのであれば、いささかなりとも自分を納得させられる。しかし、強制的に避難させられた場合は、何をどう考えても納得できない。ここに書いてくれた米倉さんは、強制避難のあげく、避難先で夫との不和や子どもの不登校などに苦しみながら、それを乗り越えた女性だ。

ところで、「自主避難」という言い方は間違いだという。決して自主的に避難したわけではない。郡山から大阪に避難した森松明希子が言うように「自力避難」または「放射能てんでんこ」

とでも言うべきだろう（森松明希子『災害からの命の守り方』）。森松によると、自力避難の場合には、家族揃って一緒に避難できない場合がとても多い。そのためせっかくのゴールデンウィークも家族がそろって集まることもない。そんな自力避難者たちの生活が、11年経ってもあまり知られていないと。

診察室での米倉さんは決して言葉が多いわけではない。毎回のぽつりぽつりという語りと、彼女の身の上に降りかかったことを想像すると、『風と共に去りぬ』のスカーレット・オハラが、最後の場面でつぶやく言葉を思い出す。

原発事故の避難先で両足を踏ん張って、彼女はまるでスカーレットが「Tomorrw is another day」とくり返し腹を決めるように生きてきた。スカーレットは言う。

「ふと故郷のタラを思い出したら、何だか勇気がわいてきたわ。明日は故郷のタラに帰ろう。今は何も考えるまい。すべては故郷のタラで考えよう。明日こそは未来を開く日なのよ！」

ところで「Tomorrow is...」はいろんな風に訳される。「明日は明日の風が吹くさ」「明日、もしかしたら福島県が震災以前の平和な故郷に戻っているかも知れない」「今日喧嘩した娘が明日は笑顔で抱き着いてくるかもしれない」とか。米倉さんもいろんなことを考えたのだろうな。

そんなふうに数えきれない「Tomorrow is...」を福島の女たちが毎日繰り返しながら、時には泣き、唇を噛み、不安で眠れない夜を幾日もすごし……それでも生きていく、生きていくしかない。原発事故避難とは、そんな女性たちの「一大運動」だったのだろう。何万人にも上る今回の原発事故避難は、「コメ騒動」以来の我が国の女性史を飾る一大事かもしれない。

二〇一一年三月十一日、午後二時四十六分　米倉智恵子

この日、この時、すべてが私の人生を変えました。この日、私は娘二人の迎えで大野小学校にいました。いつもと変わらないママ友との普通の会話を楽しみながら、小学一年生の娘と、大熊町大野幼稚園の年少の娘が乗ったバスを待っていました。私は何かが揺れているのを感じた次の瞬間、言葉では表せないほど大きな揺れが襲い掛かってきました。周りの止まっていた車が今にも倒れそうに揺れ、電柱も折れそうな勢いで揺れて、時間がたつにつれ、ブロックが壊れ始め、立っていられない状況でした。

小学生の娘は私と一緒にいたのですが、この時はランドセルを車に置きに、一人で駐車場に行っていたので、私はすぐにでも傍らに駆け寄りたかったのですが、大声で叫ぶことが、その時、精いっぱいできることでした。

この時間、4歳の娘は幼稚園バスに乗っていた時間でした。私の娘のほかにもママ友の娘さんや息子さんを乗せていました。私は近くにいない下の娘が心配でいてもたってもいられませんで

したが、大野幼稚園の幼稚園バスの運転手さんは、とても子どもたちが大好きで、正義感のある人だったので、「絶対に子どもたちのことを守ってくれる」と信じていました。しばらくして、揺れが落ち着いてきた頃にバスが到着し、中から子どもたちがおりてきました。

みな大泣きで、私は娘を抱きしめました。娘たちと再会はできたものの、揺れは相変わらず続き、周りは目を覆いたくなるほどの光景が広がっていました。私は、今なら運転できると判断し、急いで娘二人を車に乗せ、自宅へ向かいました。

やっとの思いで自宅の中に入ると、開いた口がふさがらないどころか、ふさげない状況。そして飼ってまだ一年もたっていない愛犬が震えていました。

その日は停電。夜ごはんの用意もできず、娘たちには買っておいたパンやお菓子、ジュースを食べさせ、寝るときは一階の比較的物が散乱していない部屋に布団を敷き、懐中電灯をつけ、布団に入りました。ですが、私はなかなか寝付けず、そのまま朝を迎えました、

そして朝、防災無線が流れてきましたが、私には聞こえずに困っていたら、近所のママ友に早く逃げるように言われ、何が何だか理解できない状態で娘たちを急いで起こし、残り少ない食料や毛布などを車に詰め込み、娘二人と愛犬を乗せて、どこに向かえばいいのかわからず、いわき方面に向かって走っていました。

六号線は地震で通行止めだったので、山道を運転していました。途中で知り合いに会い、合流

して空き地で車から降りて話をしている時に、知人から、大熊の原発が爆発したことがわかりました。

　私は大熊町の自宅を失ったことに衝撃を受けました。ですが、落ち着けば戻れるでしょうと思っていました。そんな時、三号機も爆発したことで道路はさらに渋滞。

　私はとにかく逃げるしかないと思い、いわき方面に、情報を集めながら避難所を探して進みました。しかし、どこも定員いっぱいで、なかなか見つからなくて困っていたところに、まだ入れますよと声をかけていただいた体育館に避難し、その日は体育館で過ごしましたが、愛犬は車の中。「ペットは中に入れないでください」。

　この言葉にいら立ちましたが、私たち人間が車に乗ればいい、という思いから、体育館を出て駐車場に駐《と》めてあった車の中で身体を休めました。

　次の日からまた逃げ回る日々。

　逃げるために車を使い、車を使えばガソリンも減る。そうしてガソリンスタンドも車で渋滞。頭の中は不安という言葉しかありませんでした。いわき方面から会津方面へ逃げました。私たちは避難所を転々としました。東日本大震災後、合計六カ所の避難所を転々としました。現在の街に住むことを決めたと同時に、娘たちに口うるさく言っていた言葉があります。それは、

「絶対に原発避難って言ってはダメだよ」

「いじめられたり、仲間外れにされたりするから、適当にごまかさないと、ひどいめにあうから」「難しいと思うけど、ウソをつくんだよ。これはついてもいいウソだからね。自分を守る方法なんだよ」と言い聞かせていました。

なぜ私たちがこのような目に遭わないといけないのか。東電を恨みました。この生活は娘たちにとっても苛酷な日々の始まりでした。

上の娘は学校に行かなくなりました。

私と娘の仲は溝が深くなり、最悪な状態に。上の子は明るく、いつもムードメーカー的存在でした。しかし、学校に行かない娘にいら立ちを覚えました。悩みながらの子育て。苦しい。死にたい。なんでこんな目に遭わないといけないのか。毎日泣いて過ごしました。どこにこの気持ちをぶつけたらいいのか、原発避難のせいで誰にも相談できず、一人で抱え込むしかありませんでした。そして気がつけば下の子も学校に行かなくなり、私たち親子で精神科通いの日々。（筆者注　新型コロナウィルス感染拡大に翻弄されながら娘さんは頑張って昨年大学に入られました。）

道は歩く人が多くなると道になるのだ…性暴力被害との闘い

佐藤さんが性被害を抱えて悶々としておられた時、彼女は何をどうしていいかわからなかった

（２９９頁「闘うこと　魯迅と沖縄と女性たちのマグマ」参照）。そんな彼女が「一人でも闘う」という決意をされたのは、魯迅の「道はもともとあったものではない。歩く人が多くなれば道になるのだ」という言葉そのものである。しかし魯迅がその言葉を書いた時、魯迅の前に道はなかった。ただ暗黒と絶望だけがあった。佐藤さんが「闘う」決心をされた時も、彼女の前に明るい希望などなく、ただ暗黒と絶望しかなかった。で、魯迅は言う。暗黒と絶望しかない時も歩け。歩く人が多くなれば道ができ、希望が我々のものになるかもしれないと。

佐藤さんはその後、当事者団体の代表理事という要職に就き、警察大学校での講義や法務省の実態調査ヒアリングで発言し、刑法改正に努力してこられた。佐藤さんから、絶望した時には闘うことと、まず一人でいいから歩くことを私は学んだ。

しかし魯迅の時代と今は大きく違う。性暴力の世界では、一人の人が声を上げると、その何倍もの人が背中を押されて声を上げる時代になった。

東日本大震災と性暴力　元・一般社団法人Ｓｐｒｉｎｇ代表理事　佐藤由紀子

私は性暴力にたくさんのものを奪われました。

性暴力被害のその後を生き延びようと必死でもがくと、様々な困難に幾度となく直面し、その度に生きる力と勇気が奪われていきました。

私の生きる力を奪ったのは、直接私に性暴力をした加害者たちだけではありません。「なかったことにしようとする」社会、後遺症のPTSDに苦しむ私を、面倒くさい人と見て見ぬふりをする人たち、私の被害に目を向けようとせず、代わりにセカンドレイプを向ける精神科医や周囲の人たち。

それらは、私の生きようとする力を奪うには十分でした。

「もう、頑張れって言わないで。私なりに頑張ったけど、もう頑張れません」

これは、私が書いたある日の日記です。

私は東日本大震災下に顔見知りの男性から性暴力被害を受けました。原発事故が起こり、当時私が住んでいた郡山市にはたくさんの避難する人で溢れ、街は高揚しているように感じられました。いまだに3月11日が近づくと、無意識のうちに呼吸は浅くなり、ドクドクドクと鼓動が早くなります。そして、当時私が目にしたあの光景——、人工中絶のため手術室に向かう救いようのない絶望的な思いがフラッシュバックします。

震災レイプ被害からしばらく経ったころ、勇気を出して被害にあったことを周囲の人に打ち明けました。すると、「あなたにも隙《すき》があったのでは?」「逃げようと思えば逃げられたのでは?」などと、心ないセカンドレイプと疑いの眼差しが向けられました。

当時、唯一の私の心の拠り所は、性暴力のトラウマやＰＴＳＤについて書かれた数々の本でした。その本を読んでいる時だけは、私がそれまでに出会った性暴力のトラウマから目を背けたがる精神科医の言葉から解放され、私の身に起きた深刻な出来事に、そして、その出来事によって受けた後遺症に目を向けることができたのです。

当時の私の最大の関心事は「トラウマ」と「ＰＴＳＤ」でした。

沖縄戦ＰＴＳＤと性暴力のトラウマ

私が蟻塚亮二先生を知ったのは、今から7年前の２０１４年、新緑のまぶしい頃でした。

当時住んでいた福島県郡山市で蟻塚先生による「沖縄戦ＰＴＳＤとトラウマ」の講演を聞いたのです。その頃の私は、適切な医療や支援を受けられず、また、誰も信じることができずに周囲から孤立していました。というのも、私の身に起きた深刻な出来事は震災の年に受けた性暴力だけではありません。私は4歳から10歳までの6年間もの間、親族から日常的に性的な虐待被害を受け続けたサバイバーでもあります。

私は深いトラウマを抱え、重い鬱《うつ》の症状で体は鉛のように重く、動けない状態になり、喉が詰まったような息苦しさも抱えていました。

その日、這《は》うようにして辿り着いた会場で、蟻塚先生から沖縄戦で壮絶な体験をされた高齢者に現れる晩発性ＰＴＳＤの症状が次々と報告されるのを聞きました。驚くことに、私を苦しめる様々な症状に沖縄戦ＰＴＳＤの症状がぴったりと当てはまっていたのです。

「この先生なら私の性暴力被害に耳を傾けてくれるかもしれない――」私はすぐにそう思いました。けれども、それまで他の精神科医から向けられてきた様々なセカンドレイプを思い出すと、心はフリーズし、足がすくみました。でも、「このままでは私は回復できない」と感じた私は、悩みに悩んだあげく、それから半年後に蟻塚先生のもとを訪れました。

心の傷を認める・悲しみを分かち合う

特に子どもの頃受けた性的虐待のトラウマは、深く身体に刻まれているため、未だに虐待の後遺症を逐一書き出すのは容易ではありません。他者との親密な関係、自己認識、仕事、その後の生き方までもがことごとく影響を受けているのです。

私のような思いを他の人にしてほしくないという思いから、現在は、性暴力被害当事者として被害の実態を伝えたり、被害者支援のための学びを続けながら、時として被害者に直接対応する警察官に講義したりと様々な活動をしていますが、時々、性暴力を受けなければ築けたであろうもの、私の失ったものの大きさを思うと言いようのない悲しさに襲われたり、悔しく思うことがしばしばあります。今、世界中がコロナ禍で誰もが不安を抱き、これまで自由に送れていた生活のあらゆることが制限されています。そんな時に、震災や原発事故のことを話すと、まだそんなことを言っているのか、もういいかげん前に進まなきゃ、とでもいうような反応をされることがあり、一瞬戸惑い、口をつぐんでしまいます。

また、活動をしていると「どうしてあなたはつらい気持ちをしてまで30年以上も前の苦しい出来事を人に話すのか」と、よくこんな言葉を耳にします。

それは、その出来事が私の生活のあらゆる側面を支配し、トラウマがさまざまなかたちとなって私を傷つけるからです。もし、早い段階で深く悲しむことができていたら、30年以上経った今、今より少しは生きやすく過ごせていたかもしれません。今、何とかしなければ、この社会を変えなければ、これから先、私にとって、誰かにとって生涯の苦しみとなる。だから問題にするのです。何十年経っていたって構わない。問題はとてつもなく深刻なのだから。

子の人生を親は支配するな…自分の幸せのために生きよう

20年くらい前、日本で引きこもりという現象が目立ち始めたころ、香港ＢＢＣの女性記者から「どうして日本で引きこもりが起きるのか」について寄稿を求められた。英国では20歳を過ぎたら家を出るというのが当時ふつうの親子関係だと聞いていたから、実家にずっと「子どもが居続ける」という日本の現象は理解できなかったのであろう。そのような親子間の境界が徹底している英国と、時に「何歳になっても親にもたれかかって息子が生きる」日本とでは、親子関係が異なる。

英国の友人によると、たとえ子どもが1歳でも3歳でも、夫婦のとっておきの楽しみである観劇や音楽会には保母を雇ってでも子どもを家において、夫婦二人で出かける。日本のように親子が川の字になって寝るという子育てではなく、うんと小さい時から自分の個室に一人で寝る練習をしつけられる。

家族は細胞に似ている。細胞は大きくなり、やがて分裂する。分裂した細胞が大きくなって、また分裂する。つまり親子や兄弟もいつかは分裂する。分裂して一人前の人になるための練習を、英国の子どもは幼児期から自分の個室で眠ることで練習しているのだ。

これに比べて日本はどうだ？　20歳を過ぎても30歳を過ぎても中学の頃の親子関係がまだ続いていたりする。これでは子どもは大人になれず、大人社会に入って適応していけなくなる。分裂・成長すべき細胞が、妙に癒着して成長・分裂していけなくなるような親子関係の中で、時に「子の人生をも支配する親」がいる。ここで紹介する安田さん（仮名）は北海道の人であるが、自分の行きたい道外の大学を母に告げたとたんに反対された。「だめだめ、会えなくなるから」と。安田さんは、お母さんにとって「夫の役目」や「ペットの役目」を期待されていたのだろうか。世の中の多くの親は優しい親だと信じたいが、「親が決めた高校や大学でないと進学させない、女に学問は必要ない、進学のお金は出さない」ばかりか、「どうせあんたは大学に進んでも途中でついていけなくなるに決まっている、お前に〇〇という仕事なんかできるわけがない」と子の人生と希望を否定し、子の心を折ってしまう親たち。そんな親を少なからず見てきた。これらの言葉は18歳以下の子どもに向けられたなら、児童虐待だ。このように子の人生を妨害する親は確かにいる。親子関係のこのような不幸によって、子が大人になって就職した場合などに、大人の社会に適応していけなくなる。

私は、子どもは自分が幸せだと思う道を進むのが良いと思う。親がしがみついてきたら、どうにかしてそこから脱出・トンズラするのが良い。それが正しい細胞分裂だ。臨床でよく見るのは「脱出すべき親子関係から脱出できず、あげくは精神疾患を発症している例」である。

私が精神科病院へ通院し始めたのは、20代半ばの頃でした　安田里香（仮名）

当時は一般企業で営業職に就いており、辛いこともあるがそこそこ楽しく仕事に取り組んでいました。しかし、私の意思を無視し強制的に昇進させられたり、その後降格を申し出たり、のちの上司から嫌がらせを受けたり、急に身辺がせわしなくなりついに病院へかかることになります。

その頃は常にめまいや手足の震えがあり、不安やストレスを感じるとうまく呼吸さえできない状態でした。また、食欲が異常に高まり、休憩時間は常に何か口に入れていたのですが、体重はみるみる減っていきました。通勤に使う地下鉄に乗れなくなり、休日は布団の中でうずくまりぼーっとする日々。

日常生活に支障が出るようになったため会社を3カ月休職したのですが、その後も相変わらず地下鉄に乗ることができず、復職後1カ月ほどで退職をしました。

通院を重ねていくうちに、私の精神状態は仕事のせいだけではないと強く思うようになりました。会社での出来事は引き金に過ぎず、本当に私を苦しめているのは別のものだと気がついたのです。

私は片田舎出身で両親と2歳年下の妹がいます。ごくありふれた家族構成ですが、かなり歪《いびつ》な家庭でした。

小学校低学年頃にはすでに父親とはソリが合わず、口を開くと揉め事になるため、挨拶も含めて一切口をきかなくなりました。それでも何かあると急に大声で怒鳴りつけ、何かにつけてケチをつけてくるため、家に父がいる間は落ち着ける時間がまったくありません。夜に階段を上ってくる足音で目が覚め、何か怒鳴られるのではとびくびくしながら息をひそめるのが日常です。

母はというと、私を異常に頼りにしていました。年の変わらない妹の面倒を任されたり、妹の進学について相談をされたり。私が、妹と同じ年頃であることにまるで気がついていない様子です。母のそういった過剰に頼ってくる姿勢も、私にとっては非常に負担でした。

中学に上がった頃には、死ぬことについて考えるようになっていました。死ねばこの苦しみも終わる。親に最も負担がかかる自殺方法を妄想することで、昼間はなんとか笑って普通に過ごせました。

2年生になり、朝から体調がすぐれず昼になると激しい頭痛に毎日襲われるようになりました。その病院をいくつか回り判明したのは、起立性調節障害、いわゆる自律神経失調症の一つです。その時受診していたのが小児科だったため、成長に伴うものとの診断でしたが、私自身は今でもストレスが原因だったと考えています。その証拠に、数年後、父が長期の単身赴任で実家を不在になると同時に症状は消えていきました。

高校3年になったとき、私には行きたい大学がありました。道外の外国語学科がある公立大学です。学力としては厳しかったものの頑張れば不可能ではないと思い、どんな所で何をしたいのかを母に伝えました。

大学進学を希望していることは母も以前から知っていたため、当然応援してくれるものと思っていました。しかし母が言ったのは、「道外なんてダメダメ。だって会えなくなる」。何を言われたのか意味がわからず、頭が真っ白になったのを覚えています。

説得しようにも、許されない理由が私には理解できず、それなら進学はあきらめて就職すると言うと、それも否定される。結局、母の要望に沿って道内の私立大学を卒業しました。大学進学後は一人暮らしをしていたのですが、夜中に母が訪ねてきて、建物の扉が開く音で飛び起き、まるで実家にいるかのような錯覚に悩まされました。

卒業後、就職をして生計を立てられるようになり、ようやく自分自身の人生が始まったと思いました。しかし、それでも母から電話がくるたび「そんな仕事まだしてるの?」「こっちの役所で募集がある」「求人のビラ送ろうか?」と言われるのです。話すのがいやになり電話やメールを無視すると、母親に対してなんてひどいことをしているんだと自己嫌悪に陥り、かといって母の話を聞けば自分の人生や選択を否定される。

そして冒頭のように会社でもうまくいかなくなり、うつ病を発症しました。

それから5年以上が過ぎ、私は結婚をして北海道から抜け出しました。

結果として、私は母との関係を切る決断をしたのです。今まで何度も、母と距離を置こうと努力をしてきましたが、自己嫌悪と物理的な距離の近さから失敗していました。今回、道外へ引越し、物理的な距離を空けることで、以前よりは干渉も減ったかと思います。何より、私自身がようやく安心できる空間を手に入れることができました。

今もまだ精神的に不安定なことも多く、実家から連絡があると気が遠くなったりもしますが、本当の意味で自分の人生を始めたいと思っています。

ヤングケアラーの若者たち

ヤングケアラーとは18歳以下の若者（子ども）が、家事や病気や障害を持つ親の食事の世話、身の回りの世話、外出同伴、などをしている場合を指す。『朝日新聞』（2021年11月19日）によると中高生の20人に1人が該当するという。

政府の調査報告（令和2年度 子ども・子育て支援推進調査研究事業）によれば、子どもたちのケアの内容は、親の代わりに買い物、炊事、洗濯、掃除、高齢者のケア（見守りや同伴外出）、幼児のケア、身体や精神障害をもつ家族のケア、病気の看病や入浴や排せつ介助、親の収入を補うためのアルバイト、など多岐にわたる。外国人労働者の場合には日本語のわからない親に代わって子どもが様々な書類を書く。この結果ヤングケアラーは、

「学校を休みがち」
「遅刻や早退が多い」
「夜に眠れないので昼に眠る、授業に集中できない」
「保健室などで過ごすことが多い」
「身だしなみが整っていない」
「学力低下」

「宿題や持ち物の忘れ物が多い」
「保護者の承諾すべき書類の提出遅れ」
「必要な学用品不足」
「部活や修学旅行に行かない」
「学校に納める金の未払」

などの現象が目立つという。ヤングケアラーや社会的引きこもりなどは、従来の文科省や厚労省の対応ではカバーしきれない時代に至っていると思う。夜間中学や高校、フリースクールなどがもっと必要だ。欧州にあるソーシャルファームのように、就労と職業訓練と就労支援を行うような施設が日本にもほしい。

思えば筆者もそうだった。月に1回しか風呂に入らないので学校で体重測定の時、裸足になるとゴム靴で隠された部分の垢《あか》が島状に浮き出ていて、保健の先生に怒られた。現金のない親に学級費をほしいとは言えないので、学校では「もらってくるのを忘れました」と明るく答えて先生と生徒の失笑を買った。親と先生の両方にウソをついた。中学生の時には、帰宅してから買い物して、家族全員の晩御飯を作った。当時は当たり前だと思ってつらくなかった。ただ、クラスメートの一人にこのことを話したらひどく嘲笑されたので、他人に言ってはいけないことだと知った。

八戸から相馬にきたヤングケアラーの兄妹　杉山文男・正子

あるとき年のあまり違わない兄と妹が来られた。聞けば二人とも青森県八戸市の生まれだというではないか。いわばわが故郷・青森の若者たちだ。彼らのメモによると、

青森県出身・福島県在住、30歳の兄と23歳の妹。幼い時から母親の離婚・再婚により転々とし、小学校の時に母の四度目の再婚で福島に。母親は、介護が必要なほど体が悪いのに酒におぼれる。義父も一緒になって飲酒。兄妹は学校に行かないで家族全員の家事をこなし、母の介護をしていた。

そんな生活が嫌で、兄妹以外の人と接するのに疲れ、学校は不登校に。

中学卒業後は、家にいるのが嫌でアルバイトをしはじめた。だが2人とも、人付き合いが怖くなり、兄は20歳から一歩も家から出なくなる。妹もアルバイトが長続きせず、いろいろな仕事を転々としていた。

ついには2人とも、夜は眠れず、人と話すのも苦手になり、生きるのがつらくなったり、急に泣き出したりと情緒不安定に。

この気持ちを何とかしたいと、義父には内緒で「精神科」に通いはじめた。

一体彼らはこれまでどんな苦労をしたのだろう。私だったら、何を感じて何に恐怖しただろう。そもそもアルコール依存症の母という重さよ。父が代わるたび、今度の父は怒りっぽいか、短気か、どういう言葉に反応するか……などなど親の反応を一所懸命観察して、波風立たないように母と「父」に気をつかったろうな。彼らのメモはつづく。


数年後、母親が亡くなり、不謹慎だが自由な時間が増えた。

このままではまずい、この気持ちを何とかしたいと、はじめて「精神科」について調べた。すると自分の住む町に精神科があることを知った。家の近所にあったのに、まったく知らなかった。義父には普通の病院へ行くと秘密にして受診した。

「精神科の病院」は、どこか他の病院と変わったイメージがあり、ものすごい緊張状態に。こうなることは事前に予想していた。なので、あらかじめ自分の名前・住所・症状などをまとめた紙を用意。病院の受付に提出した。

だが、受付・待合室・診察室と、いたって「普通の病院と変わらない」。無駄な緊張だったと、一安心。

薬を処方され、夜眠る前にのむ薬には感動した。眠るまでに時間がかかり、数時間で目が覚めていた生活が、長時間眠ることができたのだ。兄妹そろって、「もっと早くから行きたかった」と思うほど喜んだ。

こうして精神科に通院後1年2カ月、義父との距離を置くため「生活保護」を受けてみないかということになった。しかし多くの人が思う通り、最初は「自分たちには無理そうだ」と思った。

生活保護は「各世帯ごとに保護」してもらえる。義父と一緒では、義父が働いているので、保護してもらえない。義父と別の部屋を借りる必要があった。

国から借りる制度などもあると聞いたが、これも該当しなかったので「一度はあきらめた」。だがそのひと月後、兄妹そろって家を出られることに。運良く、兄妹の事情を知っている知人から1カ月分のアパート代を援助してもらえた。部屋の契約書、ひと月分の家賃、生活保護審査14日間を過ごす食糧。これを用意して部屋を借りたら、あとはとんとん拍子に。

医師に診断書を用意してもらえ、事前に役場にも説明し、すぐに手続きがすむ。

生活は激変した。まわりを気にすることなく、何かにおびえることなく、自分に向き合い生活できるようになった。兄弟は「前向きになった」。

妹さんに、大変な生活をされてきて「しかし一つだけ嬉しかったことありますか?」と聞いた。彼女いわく、「病気の母が亡くなった後に夢を見て、いつもは来たことのない母が授業参観に来てくれて嬉しくて涙した」と言う。普通の少女の夢だなあ。

児童期逆境体験（ＡＣＥｓ）のサバト（自称）

診察の時に生い立ちについてもお聞きする。親の職業、兄妹のこと、親に甘えることができましたか？　父母の喧嘩やＤＶ、親からの虐待、小学のころの友達関係、高校以上の学歴、職歴、感覚過敏、神経発達症傾向などに加えて、最近は児童期逆境体験（ＡＣＥ）についても聞くようにしている（ＡＣＥについては「Ｖトラウマからの回復」で再度取り上げる）。18歳以下の時にどれくらいつらい体験をしたかを10個聞き、その数と後年の心身の不調との関係を考えるのである。その10項目とは、①親との離別、②心理的虐待、③身体的虐待、④心理的ネグレクト、⑤身体的ネグレクト、⑥性的虐待、⑦両親の間でのＤＶやその目撃、⑧家族に慢性の精神疾患の者がいたか、⑨アルコール依存症の者が家族にいるか、⑩刑務所帰りの人がいるか、などについて聞く。経験的にＡＣＥのスコアが3点以上だとかなり高い。

しかしこれは運命論ではない。ある総合病院に通院していた９５０８人の患者さんの児童期の苛酷体験を調査したものであり、これからでも「自分が体験した虐待体験を次の代には伝えない」と決意をすれば予防できる。

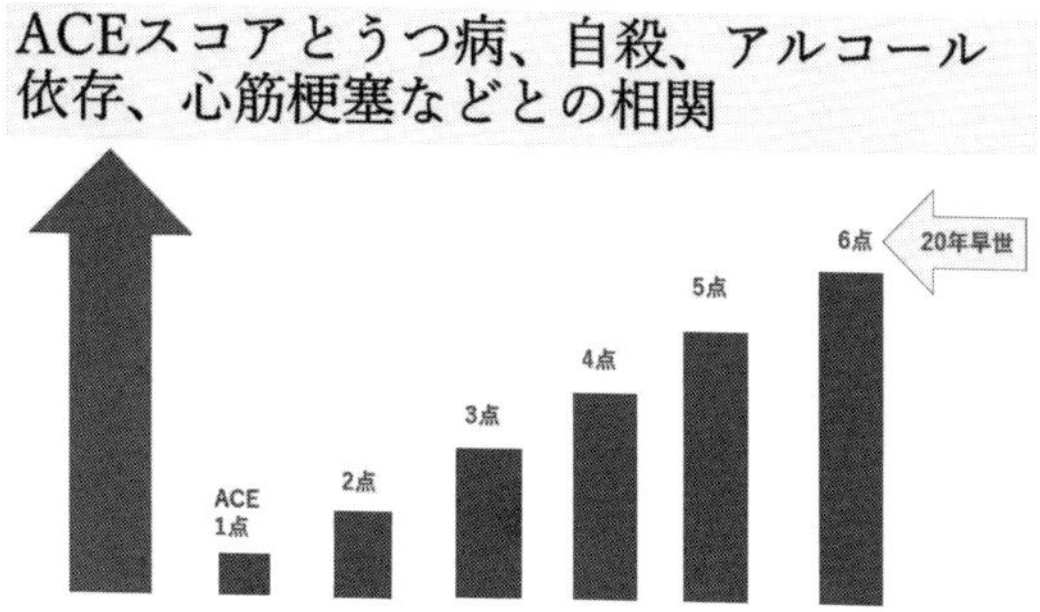

ともに不幸な児童期体験をした両親が「自分たちの体験を息子の世代には絶対伝えない」と決意した例がある。彼らの息子はとても明るい青年で、医者を目指して琉球大学を来年卒業する。

ＡＣＥスコアが高いほど、うつ病や自殺、アルコール依存症、心筋梗塞や脳卒中などが増えると報告されている（上図）。ＡＣＥスコアが６点になると、寿命が20年短くなるとのことである。一方で、「高校中退」「失業」「貧困の程度が増える」とされ、虐待と貧困が相互に絡み合って世代間に伝達していくことも危惧されている。ここで紹介するサバト（自称）のＡＣＥスコアは４点だった。かなり高いスコアで、自死してもおかしくない。しかし彼女は生きつづけている。だから私は彼女を尊敬する。

私は、どうにも行き詰まったらトンズラをすすめる。サバトにトンズラをすすめて、あれから３、４年たった。そろそろ次の一手に向けて何かやる時だぜ。上京した時にまた会おう。

サバトの日記より

私は自死遺族、ＰＴＳＤ、解離性障害、うつ病、アダルトチルドレン、自傷行為を抱える精神障害者です。私は機能不全家族の中で唯一子どもらしく素直に甘えられる心の拠り所だった祖母を自死で亡くしました。

形の上は自死ということになっていますが、実際には祖母は隣人の嫌がらせによって死に追い込まれました。遺書にも祖母の必死の訴えが名指しで書かれていました。でも隣人は何の罰を受けることもなくのうのうと生きています。正直、復讐心と憎悪で、自分もどうにかなりそうです。

祖母の自死という事実をまだ幼かった私は受け止めることができませんでした。

でも、うちの家族は機能不全家族で子どものメンタルなんかに気づけるはずもなく、祖母の自死の話をすることも、泣くことも許してはくれませんでした。

誰かに話を聞いてもらいたかったし、悲しみを共有して受け止めてほしかったけど、ただただ毎晩一人で隠れて泣いてました。

目を腫《は》らしていても周囲の誰かが気づくことはありませんでした。

その時から私はずっと死にたいと考えるようになりました。

それは数十年経った今でも変わりません。

うちは常に誰かが怒って怒鳴ってるようなそんな家です。

常に家族の機嫌を気にして緊張状態です。

家族の誰かが怒ってれば宥《なだ》めて、泣いてれば宥めて、しかし毎日のように暴言を聞かされました。

そんな日々が続いていると、私は次第に自分の意見や感情を押し殺すようになりました。押し殺しきれなかった感情が溢れ出しそうになると、自分を殴ったり何度も手首を切るようになり、溢れる血や傷を見ていると安心できた。「大丈夫、これでまだ耐えられる、我慢できる」と思った。


目に見えて様子がおかしくなってきた15歳の時、ようやく保健室の養護教諭が精神科への通院を勧めてきた。でもすっかり心を閉ざしていて精神科の診察室で私が口を開くことはなかった。

県外の高校への進学をきっかけに精神科への通院は止めてしまった。

高校生になったある日、性犯罪被害に遭った。怖かった。声も出せなかった。バス停で被害に遭い、周囲に人がいっぱいいたのにみんな見て見ぬふりで誰も助けてくれなかった。

「ああ、人間ってこんなに冷酷なんだ」と絶望した。

高3の時にも同級生の私が気に入らないという理由で、レイプを仕掛けられて被害を受けた。そんなことがあっても誰かに話せなかった。全部自傷行為して心の苦痛を誤魔化した。でも自傷行為すら効かなくなって初めて自殺未遂をしたら、また精神科に通院することになった。でも誰に対しても心を開くことはなかった。その内また通院をやめた。

大学に進学したけどある日、学内の鏡に映った自分に酷い吐き気と嫌悪感を覚えて、その日から外に出ることができなくなった。

人の視線も話し声も笑い声も何もかもが怖かった。そうして外に出られなくなった私は単位が足りるはずもなく大学を辞めた。家族は私が精神科に通っていても病気を理解することはなかった。

それから数年が経ったある日、東日本大震災が起こり、津波で生まれ育った家を失った。津波は真っ黒な巨大な壁のようで怖かった。津波は生まれ育った風景を全て跡形もなく消してしまった。今でも実家のあった場所を歩いて回ると、ここはいったいどこだろうと思う。

1年ぐらい経った頃、また自傷行為が酷くなった。それに加えて顔面が痙攣《けいれん》するようになった。仕事前に手首を切って、血を流したまま顔面の痙攣が止まらないまま仕事をした。食欲もなくなり何も喉を通らないし、疲れているはずなのに眠れもしない。
症状はどんどん悪化し、死ぬことばかりが頭を支配するようになった。「あーこれはまた精神科に行かなきゃいけないやつだ」。頭ではそう思うのに仕事のことを考えると行く気になれなかった。でも精神はとっくに限界で死のうと思った。死ぬための準備をして実行した。だけど警察に発見されて、気が付いたら病院のベッドの上で色々な管に繋がれていた。「ああ、また死ねなかった。仕事はどうなったんだろう」と思った。仕事は退職にすることになった。そして精神科への通院がまた始まった。

何件か精神科を巡って蟻塚先生のところにたどり着いた。死ねなかったし、もうどうでもいいやという思いで今までにあったことを洗いざらい全部吐き出した。先生は「そうかそうか、あなたはトラウマ記憶の塊みたいだなぁ。それなのに生きてて偉いなぁ。ハイタッチするべ」と言った。その言葉と態度に拍子抜けした。今までの精神科医とは全然違うと思った。実家にいる以上気は休まらないし症状が改善することはなかったけど、それでも診察室の中だけでは自由でいられてそれが救いだった。

自死遺族になってさまざまな病気と症状を抱えながら生きるってことは想像を絶する世界だ。

毎日毎日死にたいって思う。死ねたらどんなにラクだろうって思う。

それでも苦痛の中で血反吐《へど》を吐いてでも私が生きているのは、この終わりの見えない地獄の底に誰かを突き落としたくないからだ。自死遺族だからこそ遺される側の苦痛と絶望は身に染みてわかっている。だから生きているそれだけだ。あなたは大切な人を終わりの見えない地獄に突き落としたいですか？

死にたい、もう嫌だって毎日泣いてもいい。日常生活がまともに送れなくてもいい。

どこの誰とも知らない私だけど、私も頑張って生きるからあなたも一緒に泣きながら生きてくれませんか？

巡礼の旅を経てたどり着いた親鸞さん

昭和30年代に日本で小児麻痺（ポリオ）がはやった時代があった。彼・高木さんもそのころにポリオにかかり今も松葉杖をついて診察に来られる。不自由な足をものともせず診察室にどっかり座る高木さん。相手に与える印象の第一は安心感である。まるで親鸞さんのように、世の中の辛酸を潜り抜けてきた人が持つ、焦らない、率直な語りが彼の魅力である。

子どものころからのイジメの歴史をお聞きして、私は、長い巡礼の旅を歩いてきた人に対するような尊敬を感じる。時には涙し、時には熱く語る高木さんだ。生きていることは決してハッピーなことではない。むしろつらいことの連続である。しかし傷つくことは、その人がまっとうに生きている証拠だ。

生きることは歩くこと…まるで巡礼のように　　高木秀夫

私は幼少時、宮城県名取市に在住、2歳8カ月の時にポリオに感染、身体障がい者に。治療のため初めて親元を離れました。その後福島県に移住。小学1年から2年終了まで、いわき市の障がい児施設に入所。4年になるとき親元に。6年生の社会科見学で、当時建設中の福島原発へ。

その際、防潮林を刈り取られた先に見えた太平洋、その海の色に大きな恐怖を感じました。原子力発電と原子爆弾、言葉と利用目的は別でも根は同じ。万が一のことが起きたらどうなるのだろうという思いが頭から離れませんでした。

中学に進むと同級生からイジメを受けるように。よく女子の前で、股間をヒザ蹴りにされる辱《はずかし》めを受けました。その繰り返しで病気になっていました。治療を受けたのは30歳を過ぎてから。つらくても悲しくても、親には、特に母には悲しい思いをさせたくなくて言えませんでした。

高校進学を考える上で、イジメの相手と同じ高校になるのは耐えられない思いがあったのと、自分の体が原因で自分の就きたい職業が無理なため、職業養成の場へ。

その後イジメの相手から一歩でも離れたいという思いから親元を離れ、住み込み職業に。しかしそこでも健常者と較《くら》べられ、言葉の暴力を受け続け、一度生命を断とうと薬を飲みましたが、死ねませんでした。

それから幾数年、3・11東日本大震災発生、原発事故、その映像は広島長崎の原爆投下映像と重なりました。

幼少時暮らしていた名取市、その閖上《ゆりあげ》地区が津波で壊滅。その映像が何度も報道で流された。昔父が休みの時、自転車の荷台に乗せられ、釣りのお供をさせられた思い出の地。

そして一番の苦痛は、一生会いたくないと思っていたイジメの相手が、風評被害のテレビ報道に被害者として映っているのを見てしまったことでした。

私は限界でした。私はクリニックなごみのお世話になることに。診断結果はPTSD。これまで口にできなかった心のうちを打ち明けられるように。

それでも今も生と死のはざまにいます。母が48歳で他界。父と二人暮らしでしたが、父は定年後に勧められた仕事の現場で頭を打ち、後発性てんかんに。

多い時1年に4~5回救急搬送。3~4回入院が続きましたが、令和元年90歳で他界。

よく頑張ってくれたと思うと同時に、あまり目を離せない状況が、私を死に至らぬように運命づけられていたのかと思います。

前を向いて走るとＰＴＳＤは消える

壮絶な暴力と性的虐待を受けたにもかかわらず、木田さん（仮名）が書いてくださった体験記の最後に、こうあった。

なんか、書いてて思ったんだけど、性的虐待は自分の中で終わったことになってる。今は、パニック障害の最初の頃の苦しみや、パニック障害を「精神異常者」と言われたりしたことが辛いって、書いてて思った。

彼女は、毎日毎日の育児や生活と格闘する中で、性被害のことは「終わった」ことになったという。気持ちが弱って、後ろ向きの時にＰＴＳＤのフラッシュバックは頭に入ってくる。前を向いて格闘する人に、過去トラウマは侵入してこない。木田さんの毎日は前を向いて格闘しているから「終わった」という感覚を持てるのである。

〃死んだ方がマシ〃と思うくらいなら、プライドなんて捨てちまえ　木田雅子（仮名）

私は現在41歳。警察官と専業主婦のもとに生まれた。兄弟は2歳年上の兄１人。私が小5の時に母親の実家近くに家を建てた。それからは、父はずっと単身赴任。

私は実兄から性的虐待を受けていた。初めての時は小3。ある日突然「ちんこを舐《な》めろ」と言われた。酷いアンモニア臭を覚えている。その日から頻繁に、母親が買い物中の時などにいつもやらされていた。小5で家を建てて引越してからは少し落ち着いた。

が、私が中1になった時に母親がフルタイムのパートを始めた。兄からの性的虐待がまた再開した。夏休み等、母親が仕事に行った後、眠っている私の横に添い寝し、硬くなったちんこを押し付け「ねぇ、やろ」と。執拗に毎日毎日。おかげで、母親が仕事の日を把握して早起きするようになった。起きてさえいれば、叫ばれるのを恐れているから襲ってこなかったんだ。

性的虐待とともにあったのは、世間でよく聞くDV（暴力）。今でもよく覚えている。兄は中3で反抗期がきた。長い長い反抗期。性的虐待から逃れるようになった私には暴力で押さえつけるようになった。例えば、テーブルの下に兄の雑誌が不用意に片付けもせず置かれている。気づかず私が足を伸ばした先に兄の雑誌があった。その瞬間にパンチが飛んでくる。蹴りも来る。中1で柔道部に入った兄は、急所も知っていたので、一瞬で歩けなくなる部分を的確に捉えてきた。おかげで、毎日のようにアザがあり、階段を普通に登れない私は、学校で浮くような存在になった。

学年全体からのシカトやイジメもあった。それでも毎日学校に行った。理由はただ一つ。母親に言っても「学校は休むな！」と怒鳴られるだけだから。子どもの頃は母親には性的虐待の相談はできなかった。

とある日、テレビを見ていたら、オーストラリアの映像が映った。その時「ここに住みたい！これを自分の目で見たい！」と思った。夢ができた瞬間だった。それからは、世間でよくある懸賞。応募しまくって、とうとうオーストラリアの旅行チケットが当選した。

母親を説得し、1人で旅行に行った。そして、「ずっとこの国に住みたいと思ってた。高校を卒業したら留学したい」と言えた。今思えば、たしかにオーストラリアへの魅力も多大だったが、やはり一番の理由は「この家から離れたい」だったのだと思う。

高校生の時に門限ギリギリの時間までバイトをし、お金を貯め、高卒後に留学をした。40歳を超えた今でも忘れられない1年だったなぁ。

でも。やっぱり、そんな兄や親から離れられた反動で、現地で違法な薬に手を出したこともある。それでも、周りの友達がやめさせてくれた。ダメなことも、楽しいことも、一気にやりまくった1年だった。しかし、ダメなことをやってしまったのもあり、1年の語学留学後は素直に日本に帰国。

でもね、帰国後もやはり兄の存在が怖すぎて、男に走った。実家にいる時間を減らすために。自分で仕事して金稼いで一人暮らしもできるだろう。でもね、そんな時間はなかった。帰国後すぐに彼氏を作って「実家から出させて」とお願いし、すぐさま同棲。しかし、そんなんうまく行くはずがない。

その次につきあった人は、結婚まで行った。5年同棲して、入籍して、2人の子どもに恵まれた。それでもね、離婚してしまったの。理由は色々あるけれど、私は精一杯頑張った。それでもダメだったから離婚になった。

離婚して行き着く先は……実家しかない。その後は実兄からの性的虐待はなくなってた。何もされなかった。しかし離婚後、そんな兄のいる実家に行き、離婚のストレスと、実兄の恐怖と闘いながらいたら、離婚後2カ月で突然の息苦しさを感じた。

子どもたちと雪遊びをして帰るって時に、吸っても吸っても苦しくて、冷や汗が出てきて、目の前がキラキラ光りはじめて。苦しさと、めまいと、吐き気。1週間続いた。起き上がれない1週間だった。少し動けるようになって、最初は内科や耳鼻咽喉科に行った。でも異常なし。そんなこんなしてるうちに、ある日突然苦しさのピークが来て、母親に「救急車呼んで」と頼んだ。母親の答えは「恥ずかしいから……無理」。近所に住む親戚の叔母を呼んでくれた……休日外来に連れて行ってもらったっけ。倒れそうになっても助けてくれることはない。それでも、私はシングルマザー。自分と子ども2人のお金は稼がないといけない。バイトの面接を受けて、バイトを始める。すぐさま息苦しくなって倒れ込む。

蟻塚先生の病院に行く直前は公民館で働いてたんだ。上司から言われた言葉は今でも忘れない。「お前は精神の病気だろ！　辞めろ！　今すぐ辞めろ！　自主退職ってことにしろ！」と仁王立ちで言われたんだ。その時に、最後に駆けこんだ内科で蟻塚先生の病院を紹介してもらって受診したら、1回目で「パニック障害」と診断された。パニック障害。聞いたことはあるけれど、まさか自分が？　パニック障害ってどんな病気？　症状はどんな感じ？　調べてみたら、まさに当てはまった。初めてもらった薬を飲んだ夜は、悶え苦しんだ。脳みそから足のつま先までの筋肉が硬直してる感じで、歯ぎしりが凄かった。怖かった。震えが止まらなかった。翌朝、薬局に電話して症状を言ったら「いったん飲むのやめて、次の受診で先生に相談してみてください」と言われ、飲むのをやめた。1週間後の2度目の受診の時に素直に先生に言ったら「飲まないんだったら治せない。治したかったら飲みなさい」と言われた。

ものすごく怖く感じたけれども、先生の目を見たら、「気合い入れて飲むしかない！」と思った。2度目の受診日、人生2回目のあの薬たちを飲んだ。1回目のような副作用はない。それからは、先生の言葉を信じ込むようにして薬を飲み続けた。1週間、2週間、3週間……あれ？　症状が落ち着きはじめてる!?　そう思ってからは早かった！　といっても、子どもたちの授業参観も運動会も、死に物狂いでぶっ倒れそうになりながら参加してたけども。

しかし、病名がわかって仕事をすることをやめた娘に、父親は厳しかった。「働かない奴がこの家に住むな！　出て行け！」と。いやいや。その時やってたのは、唯一の手仕事、ハンドメイド品の販売をネットに載せてたんだよね。スマホやパソコンを知らない老人は、どんなに説明しても仕事と理解してくれず、「インターネットなんて遊びしかないだろ!!」と大声で怒鳴られて追い出されたんだ。あれが1回目。上の娘は母親である私から離れなかったが、まだ1歳だった下の息子は祖父母に取られた。その後、父親名義の戸建てに住まわせてもらえてたんだが、それでも息子は返してもらえず。なんだかんだ言っても数年住まわせてもらえたが、結局また追い出された。

息子のことが気がかりで、電話をしても息子には代わってもらえない。実家に会いに行っても、会わせてもらえない。しかし!!それでめげる私ではない。私は母親だから。児相、警察官、教育委員会、学校、全てに相談し、素直に現状を話し、息子は無事に取り返せた。息子を取られてから7年たっていた。

娘は弟を取られたストレスや実祖母から蹴られまくったストレスで、生きるのが嫌になったと、自殺したいことを相談してくれたりした。我を忘れて興奮して暴れた時もあった。中学校には行けなくなった。精神安定剤を無理やり飲ませて寝かせたことも何度もある。

長かったなぁ。病気と戦いながらも、母親としてやるべきことをやり、女として恋もする！人間として趣味も楽しむ！　そんな姿が、実両親からしたらありえない母親だったらしい。たった

1・2キロの通学路。登校班があるから娘を歩かせてと言ったら「それはお前がやりたくないだけだろ！　ネグレクトだ！　虐待だ！」と罵った両親。自分の老後や、子どもたちの成長を思って「パパ」という存在があったら良いだろうなぁと思って、結婚前提の彼氏を作ったことへの、実両親からの罵詈雑言。今現在、やっと息子を取り返せて、「パパ」として息子や娘を大事にしてくれる彼氏と生活をしている。

しかし、ジジババからの元旦那へのメール「雅子は男に走って息子を捨てた」「あいつは精神障害者になって子どもを育てられる状態じゃない」「雅子は」「雅子は……」メール連打は止まらないし、今のパパへのメールも止まらない。私へのメールや着信も凄すぎて、着信拒否をした。やっと、やっと今、普通の生活ができはじめているような気がする。

病気になって苦しくなっても、パニック障害の苦しさでは死にはしない！　吐き気が来ても、吐けばよろし！　素直に吐いてスッキリすればいい！
目眩《めまい》がきたら、素直にそこにぶっ倒れれば良し！（道路は注意）
冷や汗が出て、苦しくて、どうしようもなくなったら、その時は救急車呼んじゃおうよ!!
パニック障害は、発作が10分～30分で治るとかいうけど、私は数日かかるから!!　我慢なんて

しなくていい。我慢して苦しすぎて、「死んだ方がマシ」と思うくらいなら、そんな時はプライドなんて全部捨てちまえばいい‼

パニック障害の弊害で起きる過敏性腸症候群！　うんこもらしたって、死なねえよ！　恥ずかしいだけ！　その恥ずかしさも無駄なプライドを捨てちまえば屁でもない‼　結果、私がパニック障害を克服しつつある一番の理由と信念は「プライドを捨てること」。生きてるだけで丸儲け。その通りだと思う。

生きてさえいれば、苦しいこともあるけれど、楽しいこともあるよ‼　私の今の座右の銘は「人生楽しんだもん勝ち」！　毎日、生きていられたことに感謝。1回でも笑えたことに感謝。子どもたちが笑顔を見せてくれたことに感謝。

パニック障害で、今現在、苦しすぎて死にたい人に言いたい。「その苦しさはなくなる。いつかじゃなくて、意外といつのまにかなくなる。苦しくて苦しすぎて死にたくなるのはものすごくわかる。だからこそ言いたい。数年後には笑えるぞ」って‼　「またママの子どもとして生まれてきたい」と最期の手紙に残してくれた愛しい天音。いつかまた絶対会えると信じて、ママ頑張るよ‼

沖縄にいた時、「毎年8月頃になると死体の匂いがして、眠れなくなるんです」という男性がこられた。子どものころ、激しい肉弾戦のなか死体を踏んで逃げた。足の裏にべとーっとくっついてくる腐った人間の肉の粘りを思い出すという。診断は晩年に発症したPTSDであり、治療して安定した。

しかし、いったい死体の匂いがフラッシュバックするなどということがあるものか？と、そのころいろいろ証言を探した記憶がある。

一つは中沢啓治だった。『はだしのゲン』の漫画を描いている時、「死体が腐る匂いってのは本当にやり切れんのです。鼻がひん曲がるような異様な匂い。（略）描いていると、わーっと臭気が戻ってきて、やり切れんかったです。」（『週刊金曜日』2011年8月5日号）

ちょうどそのころ、のちにノーベル賞を受賞したスベトラーナ・アレクシエービチのドキュメンタリーをNHKが放映した。その写真の1枚に女性が「深夜にトイレに行くと死体の匂いがするのです」と語るくだりがあった。死体の匂いのフラッシュバックというのは存在するのだ。

原発作業員だった男性の話　宇野三郎（仮名）

【私が赴任した翌年に「死体の匂いがして眠れない」という68歳の男性が来られた。高校2年で父親が他界、神奈川のサッシ工場に勤務したが倒産。その後、原子力発電所へ。全国各地の発電所の建設に従事した。43歳で原発で働いていた時、死体の匂いがしてきた。もんじゅ、ふげん、フクイチなどで働いていた。死体の匂いが鼻につく。匂いが鼻について2週間くらい眠れない日々が続くことがあった。いらいらすると頭がボーッとなる。「いまどこにいるのかわからなくなる」と。】

浪江の病院で自律神経と言われて東北大に行ったら躁うつ病と言われて薬飲んだら具合悪くなった。実は原発作業中に高いところから落ちて死んだ人を29人見た。感電死や墜落しての即死で、その記憶は離れない。墜落して亡くなった人に新しいヘルメットを用意して金づちでべこべこに叩いて、死体の頭にかぶせ、安全衛生法を順守していたかのように偽装するのが仕事だった。しかしそのことを口外しないように言われていた。

【どうやら29人の死体を見たことがトラウマとなった幻臭体験と、そのフラッシュバックのようだった。拙著『沖縄戦と心の傷』の「匂いのフラッシュバック」の項目を読んでもらったら、「ああこれだこれだ」と彼は納得した。それで彼の症状の診断がついて、眠れるようになった。強烈なトラウマ体験を口外しないように個人の心に封印したこともＰＴＳＤの原因であったのだろう。恐怖体験をあえて個人の心の中に封印して語らないようにすると、トラウマ記憶は温

存されるからだ。】

96歳になってサイパン島の戦争記憶が身体に現れた

2021年1月、96歳の中田さんが、体がイライラするというので診察に来られた。聞くと「虫が皮膚をはいずりまわる感じ」だという。今まで医者に言っても聞いてもらえなかった。私が、「あのね、それは「蟻走感《ぎそうかん》」という名前がついているんだよ。ストレスから来るんだ。治るよ」。

彼女の父はサイパン島の南洋興発に勤務し、兄は南洋で戦死。彼女はサイパン島生まれだった。南洋興発というのは国策の砂糖製造会社で、「北の満鉄、南の南洋興発」と言われていた。

南洋興発には福島県の人も多く働いていたが、それには同社を興《おこ》した松江春次（会津出身）という社長の存在が大きいかもしれない。南洋戦を体験した沖縄の人たちの聞き取りを行い、『複数の旋律』などの著書を持つ森亜希子によれば、南洋興発の社員は日本本土出身者に限られ、沖縄県民は作業員として雇われ、さらに朝鮮人は単なる労務者という風に「一等国民日本人、二等国民沖縄人、三等国民朝鮮人」という戦前社会の身分差別が歴然としていた。

中田さんは若い時のサイパン戦やその後の台湾での避難所生活という「前駆トラウマ」に加えて、原発事故には「死ぬかもしれない」と恐怖し、「第二次大戦の再来」だと思った。そして半年前に動悸やイライラや蟻走感が始まり当院に受診した。

古い過去の戦争記憶と、最近の原発事故、もしかしたら高齢化も重なって発症したものと考えられた。診断がついて治療を始めたら彼女の訴えは消失した。

サヨナラのない別れ…夫が見つからないと私の人生は始まらない

せっかく建てた新築のマイホームに放射能のために住めないとか、それまで何年も家族一人一人の思い出を作ってきた家や庭が放射能のために住めなくなったというケースは、被災地では多い。これを「あいまいな喪失」という。今回のお話の主人公の前田さん（仮名）のように、夫はダンプカーごと海にさらわれて遺体が見つからない場合は「サヨナラのない別れ」（Farewell without good-bye）と言う。

夫は亡くなったはずなのに、それはまるで今も夫との間で日常生活の延長が続いているような感覚を与える。

「ちょっと近所にタバコを買いに行ってくるよ」と言ったきり、帰るべき夫が帰らない場合を想像すればいい。「サヨナラのない別れ」とは、「近所にタバコを買いに行ったまま」という「今現在の」夫の肌感覚が続いているのである。残された人にしてみれば「夫は生きている」という感覚にいつまでも置かれる。

サヨナラのない別れと強烈な群発頭痛が治らない　前田道子（仮名）

前田さん、65歳の女性がクリニックに来られた。強烈な群発頭痛に襲われ、仙台の頭痛内科に通っているが治らない。

群発頭痛とは、数週間～数カ月にわたり1日1回から8回くらいの頻度で頭痛発作が引き起こされる。発作は15～１８０分ほど続くが、突然目をえぐられるような激しい痛みと前頭部から側頭部にかけての締め付けられるような強烈な痛みに襲われる。原因不明で治療法も確定しない。非常に強い痛みに襲われるため、発作が起こる時には日常生活に支障をきたす。（Medical Noteより）ともかく彼女の頭痛を治さないといけないが、群発頭痛の治療は難しそうだ。まずは震災前後の生活歴をお聞きする。

彼女は生来、健康優良児みたいで、誰にでも明るくて医者にかかったこともなかった。介護職として働いていた時に、夫と知り合って結婚した。息子と娘がいるがそれぞれ結婚して別に暮らしている。

東日本大震災の時、夫は運転していたダンプカーごと海にさらわれた。それ以来夫は帰って来ない。結婚した娘と息子は時々訪ねてくれるものの、今は一人暮らし。体調の良い時に介護福祉士として働いている。

毎年1回、福島県警から「見つからない」の電話があり、そのたびに泣きそうになる。そして「夫の遺体が見つからないと私の人生は始まらないんです」と言う。

群発頭痛に効くと言われる抗うつ剤や抗けいれん剤その他を使ったが、彼女の群発頭痛は治らなかった。ところがである。

2018年、お盆休みに息子のところに行って楽しかった。別れ際に孫と嫁に泣かれて、帰宅してから頭痛が激しくなって3カ月休職したとあった。これだと思った。これが彼女の頭痛の中核だとわかった。

息子や孫と思い切り遊んで楽しくて興奮した。しかし別れ際に、孫や嫁に泣かれて前田さんも強い悲しみ体験に襲われ、それがトリガーとなって頭痛になるのだ。孫たちと遊んで震災以来潜伏していた交感神経の過剰興奮が再燃・誘発された。さらに「別れ」という悲しみ体験が「夫との別れ」というトラウマ記憶を再生させた。こうしてお盆休みをトリガーとして発症した。これが前田さんの頭痛のメカニズムだ。だから頭痛外来で薬をとっかえひっかえ処方しているだけでは治らない。震災以来の交感神経の過覚醒状態をどうにかしないと治らない。

今も過覚醒不眠で、夜中に何回も覚醒して、朝になって夜が白々と明けてくるとやっと安心して眠れる。夕方や夜に涙が出ることはしょっちゅう。夜にフラッシュバックが増大する。読書して考えないようにしているが、過去の記憶のフラッシュバックが画像で見えてくる。これは典型的なＰＴＳＤだ。

トラウマ・インフォームド・ケア…症状の後ろのトラウマをさくる

一方では友達から「前田さんは、嫌なことがあっても嫌な顔しない」と言われるという。吐きだす相手がいないということだ。

ここまでくれば後は治療方針は揺れない。ＰＴＳＤに見られる過覚醒興奮の薬物治療、生活面で「興奮すると必ず疲れてバタンキューするものだ」とあらかじめ想定しておくこと。低気圧や雨など気象病対策。そして少しずつ職場に復帰しながら、毎回相談に乗って、診察室でともに喜ぶこと。こんなやり取りを2年繰り返して、最近はすっかりフルタイムの勤務が可能になられた。以上のような診療をトラウマ・インフォームド・ケア（ＴＩＣ）と呼んでいる。

カラオケ大会も好きな人だが、ＮＨＫから流れてくる「花は、花は、花は咲く……」（「花は咲く」）を聞くとゾクゾクして具合悪いという。大切な人を喪《な》くして悲しんでいる人に向かって、亡くなった人たちの「向こうに明るさを見よう」という飛躍しすぎの歌だから。

66年前の機銃掃射のフラッシュバック　東山さん（仮名）

この方は、南相馬で原発事故に直面し、県内を転々と避難した78歳の女性である。娘や孫たちと逃げる時、昭和20年の米軍機による原町空襲の場面がフラッシュバックしてきた。機関銃とサイレンと大砲の音などに、父の背中で震えた恐怖を思い出して、体が震えた。それは戦後66年ぶりのフラッシュバックだった。

東山さん（仮名）の先祖は200年前の天明の飢饉の時、富山から南相馬市の海沿いの湿地帯に移民として入植した。父は大阪で働いていたが、樺太《カラフト》に行って戦傷病兵となって、小高《おだか》（南相馬市）の工場に戻った。小高で暮らし始めた最初のころは、馬小屋を借りて寝起きしていた。数年前、小高の住み慣れた古い家を解体して、なじみの家具の一つひとつを捨てるときは本当につらかった。

そんな彼女は少女時代に体験した空襲の記憶を66年も心の底に閉じ込めていた。しかし原発事故という強烈な恐怖を体験して、空襲の記憶がよみがえった。このことを考えると、今から66年後に福島の高齢者の中に、原発事故のトラウマによるＰＴＳＤが発症するかもしれない。

どうして何年も一緒に暮らした家具と別れることはつらいのか。それらの家具たちは、私たちの心の一部となっているからである。

そして、隣近所との付き合いや民謡や夏祭りなど地域の行事も、私たちの心の被膜（＝環境によるレジリアンス）となって私たちの心を守ってくれている。私たちは故郷の山の形や地域の芸能や盆踊り大会によって守られているのである。

避難に伴う葛藤、帰省とPTSD発症、そしてトラウマ後成長へ

3月11日14時46分の地震によって第一原発の非常用ディーゼル電源が水没した。地元の人によると夕方5時〜6時ごろには東電の現場に働く友人たちから「避難せよ」と携帯で連絡を受けた人は多い。

しかし読者の皆さんはいったいどう思うだろうか。そもそも「原発は安全」だった。しかし事故が起きると広島や長崎のように体が溶けるかもしれない。正確な情報はどこからも来ない。いつものように「上からの命令待ち」をしていたら、自分が死んでしまうかもしれない。「職場を離脱して避難せよ」という上司の一言もない。こんな時私たちはいったいどうしたらよいのだろうか。あの時、みんながこの「答えのない質問」に迫られて苦悩した。家族や娘たちから避難しようときつく言われて避難した人たちもいるが、あとあと居残った職員たちに対する申し訳なさ、または罪悪感を抱える人たちもおられた。

ここで紹介する阿部秀人さんの文章は、大地震と原発爆発、避難についての話し合いと苦悩、避難して職場を放棄したという自責の念、それらのストレスが加重されての発症、そして「当事

者」としての自分の再確認、ピアカウンセラーあるいは語り部として生きようという再生までの経緯を、正直な個人の目を通して描かれている。

東日本大震災を体験した方々の内面を記載した多くの著作があるが、阿部さんのこの文章は、それらと比較しても遜色のない第一級の価値のある記録だと思う。

実はＮＨＫが２０２０年２月に放映した「証言記録東日本大震災89　心の傷によりそう～訪問型ケアの現場から～」（２０２０年２月16日）の中で、今回の阿部さんの体験が全国に発信されている。

原発爆発と知って妹さんが何も言わずに泣いていたとのくだりにはつらくなる。あの時、妹さんと同じ体験をされた方が何万人もおられたのだろう。

そして山形に避難しようという家族会議で、「死にたくない」、しかし「避難したなら、今働いている施設の患者さんやスタッフを置いていくことになる」という正解のない選択を突きつけられる。

山形から相馬に戻って、元の職場に復職したが「なぜあの時現場を捨てた」という自責感情に苦しめられる。そして親しい先輩が立ち上げた新しい施設に就職した２０１３年の年末、１日の業務を終えてホッとするべき時間に急に不安や動悸などの発作に襲われた。このあと阿部さんはさまざまな精神的な変調に襲われる。おそらく、大地震と原発事故、そして避難、復職してからの謝罪の繰り返しなどの極度の緊張の日々を、親しい先輩の立ち上げた施設に再就職して乗り越えた安堵感が訪れた時、その心のスキをついて我慢して押さえていたトラウマ記憶が表に浮上してきたのではなかろうか。

その後当院に受診され、「当事者」という言葉を知り、「当事者として、ピアカウンセラーになる」ことに価値を見出す。自分が味わった苦しい体験を活用することによって、困っている人々をサポートできると。その後の阿部さんは保健所主催の講座で話したり、当事者クラブのスタッフとして働き、また精神保健の様々な講座に参加して勉強を重ねておられる。

思えば大震災で棚を必死に押さえ、原発事故で「死にたくない」と思い、相馬に帰ってから「なぜあの時職場を捨てた」という自責観に苦しんだ人が、今は当事者として悩む人を支える役割に徹しておられる。これはトラウマ後成長（Post-traumatic Growth; ＰＴＧ）と呼ばれる。巨大な困難に襲われたが、それを克服しようとする営為の中で、人は成長するのだ。

（以下の原稿は約5万字に上る阿部さんの体験記の一部を紹介させていただきました。貴重な記録全文を掲載できずお詫びします。）

私と震災と

阿部秀人

はじめに

発症する前も「私より大変な方々はたくさんいる」「私は震災の話をしないほうがいい」と話をすることを控えていました。

「何かのたしになるのなら」と3年ほど前から1年に一度話すことを繰り返す機会をいただけたおかげもあり、震災で辛い体験をした方々のお話をお聴きしたり、自分の震災の体験を話すということをしてみようという気持ちになり、南相馬市での東日本大震災についてお話をする会に参加してみました。

実際に震災についてお話しをする会に参加してみると、私よりも大変な思いをされている方々ばかりでした。

その皆さんの胸をお借りして私の震災の体験をお話しさせていただきました。「大変でしたね」「お話が聴けてよかった」と私よりも大変な体験をされている方に言葉をかけていただいてとても気持ちが和らぎました。

その会に参加して感じたことは、参加した方全員とまではいかなくても「話せてよかった」「聴けてよかった」という声が多かったこと。「辛い体験は共有できたり、共有することで次のステップに踏み出すきっかけになるのではないか」ということでした。

そしてこの度私の主治医である蟻塚亮二先生より診察の時に私の体験を本にしてみませんかというご提案をいただきました。東日本大震災から9年「経った日々」とも「迎えた日々」とも「生きた日々」とも言える現在までをこのありがたい機会に感謝して文章として表現させていただきます。

2021年3月11日　震災の日

2011年3月11日（金）、私は、当時介護の仕事をしていて、その日は夜勤明けでした。

当時の勤務先は認知症棟と一般棟、デイケア、グループホームで構成されており、私は、一般棟で勤務していました。夜勤は認知症棟、一般棟各2名のスタッフで行います。

私の夜勤はとりわけ勤務時間が長く、日中の勤務、夜間の勤務ともに定時で帰宅する日など1年に数えるくらいでした。いわゆる要領が悪いタイプのスタッフです。

3月11日、その日は、一緒に前日の夜から勤務していたスタッフさんが「今日は定時で帰ろう」といろいろと配慮して下さったおかげで定時で帰ることができました。

定時で帰るなんて久しぶりだ。少し落ち着きませんでした。翌日は休みでした。過ごし方はほぼ決まっていました。来年度新しく入職するスタッフ用の資料作りです。当時は私も含め数名のスタッフで新入職員向けの資料作りも行っていました。3月に入り10日が過ぎ、資料作りも仕上げの段階に入っていました。

この2連休でパソコンの入力作業と印刷作業を終え、休み明けに仲間に見てもらおうと考えていました。夜勤明けの帰りに資料作りの休憩のときに食べるおやつや飲み物を買い、2日間の缶詰生活の準備をして帰宅しました。

3月の夜勤明けは体が冷えます。帰宅後真っ先にお風呂に入り温まりました。入浴を済ませてリビングに戻り、時計を見ると午前11時を少し過ぎたあたりでした。定時で帰ることがほとんどない私にとってこの時間家にいることはとても珍しいことで、どう過ごしていいものか戸惑いました。「パソコンに向き合うという気にはさすがになれないな。ご飯でも食べよう」、母がいつもより早く帰ってきた私に驚きながらも私がお風呂に入っている間に作ってくれたご飯を食べました。父の姿が見えなかったので母に聞くと、天気も良く気温もいつもよりも暖かいからと父の友人の方々と近所のパークゴルフ場へ行ったそうです。

「私も寝るから」と母も別室の布団で横になりました。食事を済ませた私もリビングの窓から見える穏やかな青空を座椅子に座り眺めながら、窓から差す陽気の中、日向ぼっこをしてそのまま眠りにつきました。

今まで聞いたことのないブザーの音で目が覚めました。「ガタガタガタ」タイヤがパンクした自転車で坂道を走った時のような振動で家が小刻みにそして大きく揺れていました。今までに体感したことのない地震です。

とっさに部屋の窓を開け、戸棚を押さえました。戸棚の扉はガラスでできていて中には皿やグラスがたくさん入っていました。倒れたら床はガラスの破片だらけで、もしリビングを通って外へ避難するときケガをしてしまう。なんとか押さえきらないといという思いで戸棚を押さえていました。押さえた時の戸棚の扉は半分開いていてカタカタと小刻みに揺れながら重ねてあった皿が前に出てきて、私の頬や鼻に当たっては戻るを繰り返します。地震の揺れが続くにつれ戸棚の皿は私の頬や鼻に当たるのではなく、つつくような勢いに変わりました。

「戸棚から皿が飛び出してきました」、阪神淡路大震災を体験された方がテレビで当時を証言していたときの言葉を思い出しました。

「これがその現象なのだろうか。そうだとしたら私が離れたらこの皿も飛び出すのだろうか」そのようなことが頭をよぎった途端に玄関の方向からガラスの割れた音が聞こえました。玄関に置いてあった花瓶が落下して割れた音でした。揺れがほんの数秒弱くなり、また強くなりました。別室で休んでいた母がリビングに来てテレビを押さえていました。無事でよかったと思いながらもこのまま戸棚を押さえている場合なのかと思えてきました。

「確か避難訓練では地震の時はテーブルの下に隠れる」「建物の外に急に出ると落下物に当たる危険性もあるので家の中だったような」と、うろ覚えの知識でテーブルに隠れず戸棚を押さえ家の中にいましたが、この揺れ、これ以上続いたら家が潰れるのではないか外に逃げたほうがいいのではないか、いつ外へ出ようかと考えていると地震の揺れがおさまりました。

「次は津波だ」テレビをつけるとヘルメットをかぶったアナウンサーが津波のことを伝えていました。

「予想される津波の高さは……」徐々に予想される津波の高さが上乗せされ、ついには、「予想される津波の高さは20メートルになります」とのアナウンス。20メートルってどんな高さなんだろう。見当がつきませんでした。

次の避難所へ

歩いて約5分程の場所にバスが停まっていました。辺りは真っ暗で唯一の明かりはバスのライトだけです。普段から幾度となく通っていた馴染みのある地域の道なのですがこの日ばかりはどこを走っているのかわかりませんでした。乗っているバスが左折や右折をしている感覚はなんとなくわかりました。バスが何度か左に右にと曲がり、次の避難所へ到着しました。

建物の建て替え工事が終わり、外回りの工事に移って間もない校舎の小学校でした。建物も新しかったためか校舎の明かりがとてもまぶしく感じました。相馬の市街地は電気が使えている。それほど距離も離れているわけでもない海側の地域と市街地の地域の違いに驚きました。

バスから降りる人たちの流れにまかせ校舎へ入り、体育館に到着しました。各世帯ごとに手続きをして私たち家族分のスペースも確保しました。

「これから食べるものを配ります」とアナウンスがありました。案内のあった場所へ向かいます。途中で同じ地区に住む職場の先輩に会いました。お互い無事で何よりという話から職場の利用者さんスタッフとも全員無事との知らせを聞けて胸をなでおろしました。

「一緒に逃げてたのに流されてしまった」「どこにいるのかわからない」と泣きながら話す方々の姿は見ることができず、目を背けながら教室へ入りました。教室へ入っても私の目に映るものは暗闇の中燃え盛る炎、気仙沼の様子でした。画面の上ではテロップが途切れることなく流れます。宮城荒浜、石巻、岩手田老地区、八戸、茨城、浸水の状況、ケガをした方の人数、流れ着いた遺体についてなど、廊下で目を背けても背けられない大災害という現実が教室の中で私たちを待っていました。教室の中にも私たちを含め何人かの人たちが呆然と画面を見ていました。

車をとりに

朝、避難所内のざわめきで目が覚めました。外ではヘリコプターの飛び交う音が早朝から至る所でしていました。朝食が配られるということで取りに行きました。所定のところまで取りに行く間いろんな人たちのやりとりが目に入りました。無事だったことを喜び、安堵する一方で目の前で起きた惨劇に落胆する。「昨日と同じだ」。

安堵と落胆がワンセットで「安堵」側には「生」が「落胆」側には「死」がある。気持ちはその間を行ったり来たりしてなんとも耐え難いものが避難所にはありました。

食事を摂ると少しずつですが、気持ちがほぐれてくるのを感じました。今まで味わったことのない1日のスタートでした。

いざ1日が始まると分刻みで情報が入ってきました。高さ10ｍクラスの大津波が私たちの住む相馬市だけでなく、東北地方の太平洋側の至る所で発生した。低い津波も関東地方で発生した。地震の規模もマグニチュード8・9という世界でも類を見ない歴史的な地震だった。私たちが住んでいた地域が孤立状態となり、取り残された方々もいた。驚愕の事態の数々に面くらっていると教職員の方が来て、体育館の一角の壁に「相馬市の沿岸地域で生存が確認された方々のリストです」と用紙を貼り出していきました。時間が経つにつれ次々と貼られ多くの人たちが集まりました。「いた」「あったあった」とそれぞれの大切な人の無事を確認できた人が増えてきました。「名前がなかった」という方でも新しく貼られたリストを見て「いた」「よかった」と生きている人がどんどん増えていきました。

「大変だったな」と相馬市街に住む私の伯父が様子を見に来てくれました。父の7人いる兄弟の次男です。

私たちがバスで避難所を移動したことを知ると「車は使うだろう」と私と妹を自分の車に乗せて私たちの家まで送ってくれました。

昨夜バスで移動したときと同じ道を通りました。暗闇で見えていなかったがれきだらけの風景が辺り一面に広がりました。本来であれば田畑の土の色で一色のはずの風景。いつもそこにはないはずの大量の木片や漁船が田畑を覆いつくしていました。家に近づくほどがれきの数はどんどん増えます。木片や漁船に加えいろんな方向を向いている車。原形をとどめずにひっくり返っているものも多数見られました。道も次第に泥だらけになっていました。家の敷地に入りそれぞれの車に乗り、倒壊することなく建っている我が家を一瞥《いちべつ》して避難所へ向かいました。

車を走らせていると職場のことが心配になってきました。今頃利用者さんや職場のみんなはどうしているだろう。避難所に着いた私は荷物を持って再び車へ向かおうとしました。「今行っても邪魔になる」、不自然な動作に気がついた家族に引き留められました。夜になり、出勤の日だった先輩が帰って来ました。「勤務体系は皆変わらず、明日休みの職員はそのまま休み」「職場は停電になったり、水が出なかったり大変な状況だから休めるうちに休んだ方がいい」ということでした。

避難所で2日目の朝を迎えました。雨が降っていました。体育館にもテレビが設置されました。テレビ画面には、福島県の地図が映っていました。福島第一原発にも津波が押し寄せその影響で原子炉を冷やすことができなくなったとのニュースでした。このままでは危険だという言葉に不安を感じました。「双葉の方に原子力発電所があって、もし、それが爆発したら相馬も大変なことになる」、私が小学生のころから学校の先生や両親、同級生の間で話されていたことでした。きっかけは、1986年に起きたチェルノブイリ原子力発電所の事故です。福島にも原子力発電所はある。私たちの住んでいる相馬市からそれほど離れた場所ではないということは学校の授業でも何度も採り上げられたり、「もしも爆発したら大変」と、ことあるごとに家や、学校の帰り道などに話になっていたことでした。その「もしも」が現実のものになろうとしていました。避難所でもカーテンや窓の開け閉めなど対応のしかたが変わりました。3月11日の時点で福島第一原発の周辺の地域ではすでに避難が始まっていたことを知ったのはだいぶ後のことでした。

震災の後の生活模様

3月14日頃フロアの一角で業務についていた時です。その日は日中の勤務でした。電気も使えておりテレビをつけていました。「福島第一原発から中継」と発電所の施設から白煙が上がっている様子が画面に映っていました。テレビも気になりますが、まずは利用者さんです。業務です。

その日を境に不安の数が増えました。かねてよりあった物資の不足、利用者さんの状態の悪化、市内の医療態勢に加えてガソリンの不足と原発です。大地震の後ガソリンの供給も不足。ガソリンスタンドには長蛇の列、並んで待ったとしても確実に給油できるという保証もありません。後々知ったのですが、津波で流されて動かなくなった車からやむを得ずガソリンを抜き取り使用したということもあったくらいガソリンは不足していたそうです。私の勤務していた職場のスタッフはほぼ全員が自動車通勤です。ガソリンが無くなったらどうやって通勤しよう。自転車や徒歩では通勤が難しい距離の方がほとんどでした。「ガソリンが無くなったら給油できるまで来れないかもしれない」と休憩中なども話していました。

しかし、ガソリンが無くなる前に職員の数は減っていきました。原発事故です。

隣の南相馬市から通勤している職員も少なくはありません。業務中に突然、家族から電話がかかってきて「これから避難することになりました」と職場を後にする同僚を見ることが増えました。スタッフの数は減ってしまったけれどもやることは変わらないなと不安をかき消すような、自分をなだめるような心持ちで業務を終え避難所へ帰りました。勤務中は「今をどうするか」で頭の中はいっぱいなのですが、帰りの道中は電灯もつかない。向かい側も、前も、後ろも走る車はない暗い道を走っていると、どうしても気持ちが落ち込んだり不安になったりしました。（略）

「明日は休みだしこれからゆっくり眠ろう」と入り口へ向かいました。入り口のテレビの前には依然として人が集まっていてザワザワしていました。「シャワー室へ向かったときこんなにザワザワしていたかな」と思いながら妹を見つけました。妹はザワザワしている人だかりの中で呆然としていました。「帰ろう」と妹に声を掛け、人だかりを抜けて自分たちのいる避難所へ向かいました。帰り道の妹はシャワーを借りに行くときと全く違う雰囲気でした。（略）

帰り道を歩く妹は無口で足取りも重い様子で、時折通り過ぎる車のライトに一瞬照らされた姿はうつむき肩を落としていました。声を掛けられませんでした。

避難所に着き昇降口から体育館へ向かいました。途中小さな部屋がありました。「ちょっと寄っていくから」小さく、低い声でそう言うと妹は部屋の中へ入って行きました。私はどうしてよいのかわからず返事だけして1人体育館へ行きました。（略）

扉を開け中に入ると2、3人の人がいました。その中に膝をかかえて座りうつむく妹の姿がありました。妹は泣いていました。妹の隣のスペースが空いていたので座り声を掛けると「原発が爆発してた」とシャワーを使っている私を待っているときにテレビで見たこと、妹が抱えている不安を話してくれました。その後妹は立ち上がり体育館へ戻りました。一緒に歩く妹の足取りは変わらず重い感じでしたが、泣きつかれたのか先に家族が敷いてくれていた布団に入り眠りました。前に決められた消灯時間をすぎた体育館は一部の照明を残して消えておりうす暗くなっていました。私も空いているスペースを見つけて眠りました。

生きるための選択肢

翌日、私は休日でした。家族会議が始まりました。原発事故についてです。「生きるために最善の選択をしたい。大河原へ行く」。父が提案しました。宮城県大河原町には父の7人兄弟の3男家族が住んでいます。4男の父とは兄弟の中でもとても仲が良いすぐ上の兄です。

父は相馬から離れることを生きるために決意していました。私にとっては驚きの発言でした。南相馬市に住んでいるわけではないのに。それに私には職場のこともある。南相馬市に住んでいるスタッフが避難してしまってスタッフの数が減ってきていました。残っているスタッフの中には津波で自宅が流されてそれでも頑張って働いている方も何人もいました。みんな利用者さんのために今できることをできるだけやっている方々です。南相馬市から通っているスタッフも自宅が原発から近く、やむを得ず避難した方々です。福島第一原発から相馬までは約60キロメートル離れています。60キロメートル離れていても放射性物質は風に乗って何十キロも何百キロも広がる。どこへ逃げても同じことではないか。私は利用者さんと職場のみんなを残して離れたくはありませんでした。それに、私たち家族5人が大河原の伯父さんの家に避難しても、寝泊まりできるスペースがどんな形になるのか見当がつきませんでした。行ったところでまた戻ってくるように思えました。いたずらに職場を離れるのも嫌でした。

「放射性物質は風に乗っていろんなところへ行くだろうからどこへ逃げても同じこと。それに5人で大河原に行って寝泊まりできるのか想像もつかない、避難するのはやめよう」。自宅を津波で流され今を精一杯生きている方々がたくさんいる避難所で、「職場のことがあるから避難したくない」と言うのは不謹慎な感じがした私は、職場のことは話すのは控えてそれだけを伝えました。

大河原町へ避難するのはとりやめになりました。

夕方の5時頃になると仕事を終えた方々が帰って来ます。徐々に避難所も賑やかになってきました。妹も帰って来ました。雰囲気は「原発の爆発」をテレビで見て以来、少し元気のないところは続いていました。相馬市街に住む伯父が夕食の差し入れを持って来てくれました。山形へ避難するという情報とともに。

夕食を摂り本日二度目の家族会議が始まりました。山形への避難についてです。

伯父には山形へ嫁いだ娘がおりました。山形で、福島で被災した方を対象に避難所が開設されるということでした。「私たちは明日、山形の娘夫婦のところへ行くことにした。一緒に来たいときは来たらいい。これから車のガソリンの量とかも確認してどうするか話し合ってみたらいい」。続けて妹が「私の職場、今日、閉めることになった。今いる妊婦さんは受け入れ先が全員決まって職員もみんな解散って言われた。私は死にたくない。山形に行きたい」。真っ赤な顔で大粒の涙を手で拭いながら話していました。父も母も「山形へ行くことが生きるための最善の選択」と。一緒に話に参加していた祖母も伯母も長女の方の妹も山形へ避難したいと話していました。

「死にたくない」「生きるための最善の選択」、避難するのに南相馬市だからとか相馬市だからとかの線引きはない。利用者さんもスタッフの皆さんも置いていきたくない。一度この状況下の職場を離れてしまったら、仮に山形から相馬に帰って来られたとしても、介護の職場で働く者としてのモチベーションは二度と戻らない。

悩みました。「進むのも勇気」「逃げるのも勇気」「仕事も夢も大切な人との時間も全て君の人生の上に乗っかっている」。社会人になって間もない私によく話して下さった、かつてものすごくお世話になった上司の言葉。今までずっと私が大切にしていた言葉です。これを駆使することにしました。私も山形へ行くことに決めました。

職場復帰

山形での避難生活から相馬に帰った時のことです。4月6日朝、出勤の時刻を迎え職場へ向かいました。震災の前日夜勤で出勤した日以来、自宅からの出勤は久しぶりでした。「皆さんに謝る」そのことだけを肝に銘じ家を後にしました。職場の駐車場に到着すると普段よりもたくさんの車が駐車場に停まっていました。制服に着替え事務所へ行き「この度は震災中の大変な時に逃げてしまい申し訳ありませんでした」と謝りました。「これからまたよろしくお願いします」と私をあたたかく迎え入れて下さいました。

その後、一般棟のフロアへ行きました。フロアでは震災直後に避難した南相馬市に住んでいるスタッフのほとんどが戻ってきていました。利用者さんも馴染みの利用者の方、南相馬の施設から原発事故のために移ってこられた利用者さん、新しく入職されたたくさんのスタッフの方々で賑わっていました。その賑わいの中から上司の姿を探しました。探しているうちに、「私はなんということをしてしまったのだろう。震災の中、利用者さんや残ったスタッフの方々が大変な思いをしていたなか、私は現場を捨て、山形へ行ってしまった」、だんだんとそういう思いが込み上げてきました。上司の姿を見つけ、謝罪しました。その後の申し送りでも謝罪し、本日から復帰することのあいさつをさせていただきました。当時の施設長からは、「旅行に行ったと思えばいい」とあたたかいお言葉をいただきました。

スタッフが避難して、ほとんどいなくなってしまい、新しくスタッフをたくさん迎えたので、私は一般棟から認知症棟へと異動になりました。これまでお世話になった一般棟のスタッフの皆さん一人ひとりに震災中の大変な中職場を離れてしまったことを謝罪し認知症棟に異動になったあいさつをして認知症棟へ移りました。認知症棟でもスタッフ一人ひとりに謝罪しこれから認知症棟で働かせていただくあいさつをしました。「皆さんに謝罪しなければ」その一心で再会した方一人ひとりに謝罪しました。

「新人のスタッフもたくさん入ってきたから、いろいろ教えてあげてほしい」、認知症棟の先輩に声を掛けていただきました。「震災の大変ななか、職場を離れた私に教える資格はないです。逃げてしまった私から教えることや教えられることは、何もありません」と丁重にお断りしました。その日から新人さんとのやりとりはなるべく避け、現場の方針には一切言及せず、ひたすら業務のみを行っていました。「震災のとき現場から離れたからといって新人のスタッフや後輩に何も教えず、現場のことも何も言わないことは甘えではないのか」」、ある先輩に言われました。

先輩は津波で自宅も被害にあい、家族も避難生活を送りながら、震災後も残り、利用者さんのケアや新人のスタッフの指導、現場の業務改善に日々取り組んでいました。甘えなのは頭ではわかっていましたが「肝心なときに職場から離れたにもかかわらず教えることや現場で発言するなどもってのほか」という気持ちで心の中がいっぱいの私には何も響かずどうしようもありませんでした。「言えるものなら言いたい。教えたい、伝えたいことだって本当はある。でもそうすることを私はどうしても許すことができない」息が詰まりました。

休日、天気も良く日差しも穏やかだったので松川浦まで散歩へ行きました。陸に打ち上げられ傾いた漁船、「危険なので住めません」と赤い紙の貼られた家屋などが並ぶ小道を歩くと松川浦に着きます。家屋の屋根や大量のがれきの海の風景が一面に広がります。「千年に一度の災害」、テレビで何度か耳にしました。大型のコンテナを積んだトラックを走っている時とほぼ同じ速さで押し流した大波は、景色を見渡している私の足元に無数に散らばる木片を小刻みに揺らす小さな波になっていました。私が知っている松川浦の静かな波の海に戻っていました。少し前を向いて「今だけのこの景色を後世の何かの役に立てられれば幸い」と誰に見せるわけでもないのですが携帯電話で何カ所か写真を撮り、景色をただ眺め、もと来た道を歩き家に戻りました。「明日からまた働こう」と、逃げた人間として静かに業務だけに没頭していました。来る日も来る日もただ目の前のことだけに取り組む毎日。凄惨な出来事に見舞われた2011年も明ける頃には、働く手を休めれば周りに申し訳なく罪悪感でいっぱい。集中力が途切れれば「なぜ私はあのとき現場を捨てた」と自分を責める気持ちが湧きあがってくる。安心できるのは家にいるときだけという毎日を過ごすようになっていました。

新しいお話

年が明けたある日、昨年まで職場などでお世話になっていた先輩から連絡が来ました。同じく職場で毎日のようにお世話になっている看護師の先輩と一緒に3人で集まる約束をして久しぶりに食事へ行きました。その席で2013年オープンを目指してデイサービスを開業したいので一緒に働きませんかというお話がありました。震災で現場を残して逃げたこんな私に声を掛けていただいたことがとてもありがたく、私も一緒に働きたいということを伝えました。その日を境に罪悪感や自責の念から逃れるために業務に没頭するだけではなく、罪悪感や自責の念はあるけれども来年デイサービスで働くことに向けて私なりのケア、私なりのサービスができるようにと1年先を見据えた準備と自分の仕事の点検のために業務に没頭するようになりました。

2013年、長らくお世話になった施設を辞め、私に声を掛けて下さった先輩のデイサービスに移りました。

PTSDと診断されるまでの生活　病気のまえぶれ

デイサービスに転職して、あっという間に1年が過ぎようとしていた年末の日のこと。1日の業務が終わり家に帰る準備をしていると、突然不安な気分になりました。1日の業務を終え、本来はほっとするところがなぜか不安になり、気分が落ち着きませんでした。自分の車に乗り、目を閉じて胸に掌《てのひら》をあて、心臓の音、動きを意識して深呼吸を繰り返し行い気分を落ち着かせました。学生の頃、就職活動をしていた時期にあみ出した私のリラックス法です。緊張した時や、不安で気持ちが落ち着かないときはだいたいこの方法でなんとかなっていました。師走の忙しさと翌年から新体制での業務が始まることが決まっていたので、それで緊張しだしたのかなと思いながら家に帰りました。翌日以降は体や気分に変化はなく、過ごしました。

年も明け2014年のお正月、友人たちと新年会をする予定でした。宇都宮で暮らしている友人と途中で落ち合い一緒に新年会をする場所へ行く約束をしていたので待ち合わせの場所まで車で行き、到着を待っていると、なぜか不安な気持ちになり、気分が落ち着きませんでした。年明けからの業務のことで緊張しているせいかとも思いましたが、緊張というよりは、不安や恐ろしさに近い感じでした。いつものリラックス法も効果はありません。

待ち合わせ場所に到着し、私の車を見つけた友人が駆け寄り、私の車に乗ると、新年のあいさつとともに「調子悪そうだけど大丈夫」と聞かれました。急に気分が落ち着かなくなったことを話し、途中コンビニエンスストアでコーヒーを飲むと落ち着きました。今年から新しい体制での業務が控えていて緊張しているのかもしれないことを打ち明けると「今日は新年会で久しぶりにみんなと会うのだから新年会を楽しもう」と話をしてくれました。友人に話を聴いてもらっているうちに気分も落ち着き、友人たちとの新年会を楽しみました。翌日、宇都宮へ電車で帰る友人を駅で見送り、私も家へ帰り残りのお正月の休日をのんびりと過ごしました。

異変

出勤する朝を迎え、出社し、新しい年、業務のスタートです。「できることは何でもしよう」「震災のとき職場を捨てたけれども」。依然として罪悪感と自責の念は残っていました。3月に入った頃、「何かいつもと違う」「何か様子がおかしい」と言われました。（＊蟻塚注　3・11が近づいてきたために震災の記念日反応が起きたのだろう。）自分では自覚はありませんでした。それでも、これまでお世話になっている先輩が言って下さることです。私も自分の所作を意識しながら業務を行いました。普段から凡ミスやド忘れというものはありましたが利用者さんの安全をお預かりする身です。あってはならない失敗というものもあります。その失敗だけは何が何でもしない。山形から戻り、業務に没頭しているときでもそのことは肝に銘じ利用者さんと接してきました。ですが、一歩間違えれば大変なことになっていたというような自分でもゾッとしてしまうミスを何度かしていることに日を追うごとに気づいてきました。さらには、利用者さんともお話しできていないという助言もありました。どうしたら良いのかわからなくなりました。落ち込んだまま業務が終わり、気分転換にと先輩が飲みに誘って下さいました。何か悩んでいることがあったら話してほしいと相談にものって下さり、アドバイスをして下さり、励ましていただきました。それでも業務をうまく行えず落ち込み、その都度、気分転換に飲みに誘って下さり、相談にのって下さいました。先輩が時間を割《さ》いて下さっているのに、誰にもどうしても言えないことがありました。

2014年3月11日、サイレンとともに黙とうをして、震災のことを振り返り何日か過ぎた頃、お酒を飲み帰宅した私は、酔った勢いで吐露しました。

「本当は山形へ行きたくはなかった」「現場も捨てたくはなかった」「山形から帰って来て、介護の仕事をしていても罪悪感ばかり、自分を責めてばかり。仕事は続けたくてしかたがないけれども、いくら打ち込んでも腑に落ちない。煮え切らない。なんか、毎日が訳がわからなくて、苦しい」と、リビングにいた母に大声で泣き叫び、その場に横たわりました。母は、「言いたいことは、言ったらいい」と私に声を掛けると寝室へ向かいました。私もどれくらい泣いたでしょう。ひとしきり泣くと布団に入り眠りました。

翌朝、目覚めが悪いわけでもなく、前日大声で思いのたけを叫びスッキリしたわけでもなく、いつも通り落ち込んで職場へ向かいました。出社してもあいさつをする以外は他のスタッフの方々とも会話もありません。朝と夕方にミーティングがあるのですが話すことは毎日同じことばかりでした。「やっぱり何かいつもと違う。一度精神科を受診した方がいいのかもしれない」と職場の先輩から助言を受けました。「今は仕事がことごとくうまく行っていないから気持ちが滅入っているだけ」と病院へは行きませんでした。

4月に入り、新年度を迎えました。「気分も新たにと仕事に臨みたい」と思うだけで気持ちは落ち込んでいました。ある週末、1日をデイサービスで過ごした利用者さんを自宅へお送りする時間になりました。送迎車を運転するのは他のスタッフの方で私は添乗していました。途中砂浜沿いの道を走っていると、だんだんと周囲の景色や周囲の様子を見ることができなくなり、車内でずっと下を向いてしまいました。隣には利用者さんがいます。

下を向いてばかりもいられません。やっとのことで頭を起こし、利用者さんの対応をしようと思いましたが、視界に海の景色が入ると目をそらしてしまいます。

砂浜に打ち寄せる白波や、水平線までの沖合いの波のうねりを見ていると具合が悪くなってきました。砂浜沿いの道を抜けると、体が楽になりました。このような感じになるのは初めてのことでした。不思議なこともあるものだなと思っていると海にずっと行けていないことに気づきました。私は昔から落ち込むと海を見に行っていました。よく行っていた場所は津波の影響で行けなくなり、震災後はもっぱら松川浦でした。新しい職場で働きだし、仕事がうまくいかず落ち込み出した時も行こうとしたのですが、どうも足が向きませんでした。次の日からは2連休でした。ゆっくり休もうとその日の夜は早めに眠りました。

翌朝目が覚めると、不安な気分で落ち着きません。深呼吸やお茶を飲む時間を作るなどの自分なりのリラックス法も効果はなく、不安で落ち着きません。仕事の日ではなく、特段用事もない休日にもかかわらず、不安で落ち着きませんでした。その状態のまま2連休が過ぎました。

「朝目が覚めると恐怖感で落ち着かない休日」、これは初めて体験することではありませんでした。社会人になってから、仕事に行き詰まると味わう休日は毎回このような感じでした。「今回も同じこと。乗り越えるきっかけも毎回あった。今も行き詰まっているけれども、乗り越えるきっかけは必ずある。やるしかない」、そう思って日々すごしていました。ですが今回ばかりは「きっかけ」を見つけることもできず、海沿いを通れば具合が悪くなる一方でした。「何かいつもと違うな」と思いました。

5月も下旬にさしかかる頃、職場の先輩方から助言を受けます。「やっぱり、何かがおかしい。精神科へ連絡して受診してほしい」。

PTSDと診断されてからの生活　病気のはじまり

「何かが違う」。自他ともに認めた私は、震災後に相馬市にできた「メンタルクリニックなごみ」を受診しました。心理士の方とお話をした後、医師の蟻塚亮二先生の診察を受けました。何からお話ししたら良いのかわからなかったので、これまでの私の経歴、震災からすごしてきた日々についてのこと、気持ちの変化や受診することを決めた経緯などを話しました。あまりに長いお話のため午前の診察に留まらず、昼食を摂るため、一度職場へ戻り、午後の診療時間に再度伺い診察を受けるという形になってしまいました。お二人とも長々と続く私のお話を親身になって聴いて下さいました。結果は震災のストレスによるＰＴＳＤでした。

結果を聴いて驚きました。私は、津波こそ見ていましたが、流されておりません。家族や親族もありがたいことに無事です。家も残っています。しかもこのとき震災から3年近く経っていました。震災が原因。半信半疑なまま仕事をしながら通院していました。

通院を始めてから2カ月ほどが経ったある日、目が覚めたら、とてつもないだるさで、布団から出られなくなりました。その日は仕事です。やっとの思いで起き上がり、着替え、身支度を整えました。時計を見るとあきらかに遅刻する時間でした。初めて受診した後、「困ったことがあったら相談して」と言っていただいた職場の方々の言葉にこの日はすがるように「すいません。体がとてもだるいので遅刻します」と職場に連絡を入れ、朝食を摂り、靴を履こうと玄関に向かいました。いつもは、立ったままどこに手をつくまでもなく、靴に足を入れそのまま玄関の扉を開き車に乗る一連の流れのような動作も、両脚が重く片足で立って靴を履くなどの動作はできず玄関の床に座って靴を履きました。靴を履いた後、玄関の床から立ち上がろうとしたときも思うように立てません。「腰が重い」というよりも自分が座っている感覚もなくなっていました。

「今、私に見えているものは、天井ではない」。両脚、両腕の状態を見て、「今、私は、座った姿勢でいる。両腕、両脚はある」、目で確認してその後つかまって立てるところを見つけて立ち上がり、少しずつ車へ向かい自宅を出ました。本来、自分の体がこのような状態にあるときは、明らかに体調が良くないです。交通事故の危険性も高いので、車は運転せず、仕事を休むというのが妥当で一般的なことだと思います。しかし、そのときの私には仕事を休むという意識はなく、「職場へ行かないと」という焦りで頭がいっぱいでした。

車で職場へ向かう途中、ちょうど信号待ちをしているときのことです。今度は左脚と左腕にしびれを感じました。それとともに左脚と左腕は震え出しました。震えは止めようにも止まりません。汗も止まりません。車を安全なところに停め、震えたまま職場へ連絡し、その日は休みました。

後日、診察を受けました。職場の先輩も自分たちに何かできることはないかと診察に同行していただきました。私は、職場を1カ月程休みました。しばらく休んでいると体に感じるものすごいだるさや、しびれ、震えは治まりました。そのときは8月頃で蝉の鳴き声も心地良く聞こえるようになり、自分の家の周辺の地域を散歩したり、友人と旅行へ行けるようになりました。違う景色を見てみたらどうかとわざわざ宇都宮から友人が迎えに来てくれました。1週間ほど、宇都宮ですごし、帰りも相馬まで送ってくれました。自分たちに何かできることはないかと診察に同行してくれた先輩やわざわざ宇都宮から相馬まで送り迎えをしてくれた友人には感謝です。おかげでリフレッシュもできて翌月の9月、職場へ出勤しました。しかし、職場で再び働き出しても1週間くらいでまた症状が現れ出しました。具合が悪くなっては休み、体調が良くなったら出勤する。そのような日々をすごすようになりました。

利用者さんや職場の皆様には申し訳ない気持ちと、また肝心なときに私の体は思うようにいかないという罪悪感と、自責の念でいっぱいの日々でした。時期で言えば9月、10月台風の季節です。テレビ映像も私の周囲の風景も荒れている海、濁流、洪水といった風景が多くほとんどが津波のときの風景とつながってしまい、恐怖心と不安な思いでいっぱいです。手足のしびれ、震えはその都度起き、私の周囲の人たちはいろいろと励ましてくれているのに励ましの言葉だけが耳に入り、頑張ろう、やってみようとも思えない自分が悔しく、悲しく、情けない気持ちでいっぱいになってしまいました。「一度職場を離れて休もう」と蟻塚先生からもお話がありました。
私も、「もう無理です」と診察のときに先生に話していました。そして、私は職場を退職しました。

デイケアとピアサポーター

年末の診察で蟻塚先生から「クリニックのデイケアに参加しないか」というご提案をいただいて、少し考えた後、まずは週に1日通うことにしました。様々な心の病を持った方々とお話をしていて心が和らいでいくのが感じられ、こんな世界があったんだなと嬉しくなりました。デイケアではそれぞれが短期目標や長期目標を決めて日々プログラムに取り組んだり、様々な話をしたりしながら社会復帰や自立した生活などを目指しています。

（略）

現在はメンタルクリニックなごみで診察を受け、週に1日から2日、同クリニックのデイケアに通い、週に3日から4日ほどパートとして「NPO法人 相双に新しい精神科医療保健福祉システムをつくる会」地域活動支援センターなごみCLUBで働いております。
ピアサポート、仲間同士支え合うことを大切にそして私がこれまで体験してきたことが何か一つでもお役立てできたらと考えています。

おわりに

２０１１年３月11日に大地震が起きて、大津波が来て、この災害に東日本大震災という名前がついて。福島第一原発の事故があって、山形へ避難して、相馬に戻ってきて、自分を責めるだけ責めて。ＰＴＳＤになって、ピアサポーターという言葉に出会って、元号が令和に変わって現在。震災から９年が経ちました。「元号が来年から変わります」と知ったときあたりから何かを生き抜いているような感覚がしました。その感覚が何であるのかわからないまま
すごしてきました。何であるのかわからない感覚に名前を付けてみようかと思いました。

以前、知人同士で集まったときに「私の○○人生」と話している人がいました。そんなこともあり、以前から付けてみたいなとほのかに思っていました。何がいいだろう。少し考えてみると「今の私」ということがひらめきました。ひらめきなので理由はわかりません。

心の病、障がいを持った方々を「当事者」と言うそうです。ＰＴＳＤと診断を受けた私も当事者です。最初は抵抗感がありましたが、治療や、いわゆるリハビリ生活を送り「不安の階層表」に取り組んでいるうちになくなりました。自分の病気を受け入れる必要性を感じました。地域活動支援センターなごみＣＬＵＢでボランティアとして働いていたときも自分が当事者であることを受け入れる必要性を感じました。

ピアサポーターを目指し続けている現在も受け入れてこそピアサポーターとしての活動が始まるのではないかと感じています。受け入れた方が活動の幅が広がりました。様々な方のお話を聴きやすくなりました。今の私、これからの私にも必要だと思える「受け入れる」という意味合いも込めて「当事者人

生」と名前を付けることにしました。

名前を付けて以来、日ごとに震災からのいろんな思いが繋がっていくような感じがしました。これからの日々当事者人生。あの出来事があったから今の自分がいる。震災と原発事故があって山形へ避難して、結局戻ってきて、自分を責めるだけ責めて、辛くて、嫌で、苦しい体験を活用して私と同じような境遇の方、困っている方のサポートができる。これは、私にとって大切なものだと今の私は感じています。

この大切なものを持って、私はこれからの日々を過ごしていきたいです。

Ⅲ　Dr.ありんこのサバイバル日記

医療や医学というものは、何千年もかけて人類が病気と闘って試行錯誤したおかげで獲得した知恵の蓄積であり、人類の共有財産だ。だから医学を学んだ医者個人のものではない。「医療は民衆のもの」である。そんな風に思ってきたが、私の生きた時代と社会にスポットライトを当てるために、ここで私の個人的な体験や危機的だった事態を書こう。

津軽で医者になる

戦後開拓の現実

私の父親は満州鉄道に勤めていたが、中国から引揚げて福井県芦原《あわら》町の旧陸軍飛行場跡地に開拓に入り、そこで私が生まれた。開拓地での生活困窮はひどいものだったが、おそらく全国の戦後開拓の土地も同じか、もっとひどかったに違いない。農耕不適の丘陵地帯だったので、飲み水の苦労ばかりか畑にも川というものが流れていなかった。深い井戸から釣瓶《つるべ》桶で水を汲み上げた。あるとき汲み上げた水桶に大きな蛇が巻き付いていて動転した。住まいは旧陸軍兵舎で誰も使ってなく、冬には少し離れた兵舎の板壁を引っ剥がしてストーブにくべて暖をとった。

11歳の時に離農したが、全国的にも戦後開拓は行き詰まっていた。翌1959年に農林省による全国の戦後開拓の経営調査があり7割が赤字で、中には戦後開拓をあきらめ、ここからさらにブラジルなどに移民した人もいる。

離農と養子

11軒の開拓部落の人々の前職は多彩だった。わかるだけでも、東京の大学教員、鉄道員、指輪等を売り歩く詐欺師まがいの人、頭痛持ちの未亡人、焼夷弾で片腕をなくした女性、せむしのおじさん、アルコール依存のおじさん、素性の知れない男性など。農民出身らしい人はたった一人だけ。結局戦争や空襲で仕事も何も失った人間たちの吹きだまり。鍬《クワ》なんぞ持ったことのないトラウマ集団。これが戦後に食糧増産のスローガンを打ち上げた国の「百万人戦後開拓」の実態だ。

開拓村の陸軍兵舎（青森県鰺ヶ沢町教育委員会提供）

母はもともと裕福な料亭の娘で開拓地の生活を嫌っていた。そのこともあって両親の間では口げんかが絶えなかった。私の両親がどのような相談の結果、福井から弘前に離農・移住することになったのかは聞いていない。

後に福井の親せきから聞くと、私の父は長男であり、一族の相談や面倒を見るべき立場にありながら、母（つまり妻）方の弘前に引っ越すことになり、みな反対し悲しんだ。私たちがいなくなった後、父の妹家族が一家離散し、その娘たち（私の従姉妹）は転々とあちこちに預けられて8回も転校したと最近聞いて、胸が痛んだ。ちっとも知らなかった。ごめんなさい。

私も小学4年の時、福井市内の遠縁のM家の養子になる方向で両親とM家の親たちとの間で話が進んでいた。結局父親に泣いて抗議して私の養子の話は立ち消えとなったが、家族ぐるみ弘前に引越したのはその半年後だった。親たちの間では私をせめて裕福な親戚に預けて、福井に置いていくつもりだったのか。

児童労働の日々

全国の戦後開拓地には、成田空港の前身である三里塚開拓地や核燃サイクル施設のある青森県六ケ所村、福島県浜通りの双葉町や大熊町及び葛尾村や浪江町などがあり、ほとんどは農耕不適な土地に引揚者や東京大空襲の被災者などが入植した。

開拓での暮らしは兄に言わせると「国家による虐待」と言うべき苛酷なもの。水がないので風呂は1カ月に1回、母に連れられて町の浴場に行った。雨の日は傘がないので、親が公認した休み。米作農家でないのでコメが食えず、朝に鶏の卵を一つ渡されて、これを登校途中に商店でパン1個と交換して昼食にした。卵もなく、したがってパンさえもない日には、昼食時に1階の足洗い場で水道の水を飲んだ。そこに集まる「水飲み場の常連」はみんな欠食児童であることが恥ずかしくて教室から逃げてきていた。

子どもは貴重な労働力だ。学校から帰ると私たちは鍬をもって畑を耕した。子どもらしく遊んでいる暇はなかった。部落の15人くらいの子どもたちのほとんどは中卒後に、「金の卵」として大阪などの大都会へ集団就職し、高校以上に進学したのは私を入れて2人だけ。

人が怖くて幼稚園に行かず

町立幼稚園の入園式の日、あまりにもたくさんの人がいたのでびっくりして、「わあーっ」と泣き出し、結局幼稚園には行かなかった。小学校に入学したころの記憶はない。やがて「百日咳」にかかり、特有のヒューヒューという咳の発作を繰り返すため、2、3カ月休んだ。自宅では布団に寝ていたが、毎日ラジオで戦前や戦後の歌謡曲を聞いていたのでほぼ暗記してしまった。もしかしたら「百日咳」の真の目的は不登校だったかもしれない。

私は草取りや畑を打つのは嫌いだったが、牛を引くのが好きだった。牛の大きな潤んだ悲しげな目と、お互いにじっと見詰めあうと気持ちが癒された。

たまに小学校の先生が家庭訪問で、町の小学校から山まで自転車で上がってくることがあった。

その先生は「ここの部落は子どもがみんな家の手伝いをして感心だ」と言って帰った。

貧困ゆえに児童労働を余儀なくされ、子どもなのに子どもらしい遊びもできない私らのどこを見て帰ったのか。教育者としての資質を欠いている。「遊べない子ども」という発達上のツケは私の人見知り人格を悪化させた。

線路を歩く

学校まで片道4キロの道を歩いた。同級生の中にみんなから「くさい」と言われて嫌われているO君がいた。どうして彼が特殊に嫌われているのかは全く知らなかったが、私は義憤を感じて、彼と一緒に竹藪の坂道をよく一緒に通った。しかし言葉数のとても少ない人で、ついに彼のことがわからなかった。

あるとき父親から金を渡され、隣の三国町まで電車で行って肥料を一袋買ってこいと命令された。子どもだから電車賃が安くすむのを見越して、私に行かせたのだ。ところが、三国町の肥料屋に着いた時、父親からもらったお金をどこかに落としたらしく、すっかりなくなっていた。青くなった。命令された肥料も買えないし帰りの電車賃もない。帰りの道路がわからず、来た時と同じ電車の線路を歩いて帰る。途中に川を渡る橋があり、「橋の上を歩いている時に電車が来たら轢《ひ》かれてしまう」ととても怖かった。芦原の駅からさらに4キロ歩いて手ぶらで家に着いたが、訳を話したら父に叱られ、殴られた。この時には子どもながら不条理だと思った。そもそもの原因は貧困なのだから。

米作農家ならば食管法でコメは買い取ってもらえるが、畑作はわりに合わない。去年スイカが売れるとどこの家もスイカを作付けするので値が下がる。毎年植えるものが代わるのに毎年豊作貧乏に泣かされる。そんなこともあり、父は11軒の開拓農家の「組合長」を引き受けてしょっちゅう福井県庁の担当課に談判に出かけた。子どもの目から見て、「組合長」の行政交渉による成果は見えなかったが、自分の家の畑ばかりが草ぼうぼうとなって、母との夫婦喧嘩が絶えなかった。食べ物がなくなり、朝も昼も夜も畑からとってきたスイカで空腹を癒やしたことも。おかずが少ない時には、父の真似をして味噌汁をご飯にぶっかけて飲み込む。今でもこれが癖になっていて、しばしば妻に注意される。魚屋で売っている魚は買えないので、かちんかちんに乾燥した「煮干し」に醤油をかけてご飯のおかずにしたことも。ご飯に醤油をかけて食べる癖はまだ続いている。

戦後開拓地の行き詰まり

１００万戸の開拓農家を目指した戦後開拓計画は挫折した。私のいた11軒の部落も10軒が離農し、11歳の時に青森県弘前市に引越した。弘前は母の生まれ育った町で城下町だ。

父は長男だったが、結局故郷を捨てて北国行の汽車に乗った。

道場親信は「戦後開拓農民は新しい難民」であり、都市の産業のために一時的に農村に預けた「労働力のプール」だったと指摘する（「新しい難民　戦後開拓と農民闘争」『現代思想』2002年11月号）。一緒に学校に通った仲間たちは金の卵として都会に出て行き、ほとんどの家が離農し、開拓村は分解した。開拓村の子どもも、その時々の経済成長を支える底辺労働力。これも「国策難民」。

大事にしてくれたS先生

小学5年生の時に福井大学を出たばかりのS先生が担任になった。彼は若くて情熱的で、とりわけ私のことをよく面倒見てくれた。彼が退職したのちにお話しすることがあったが、当時の「芦原《あわら》小学校」の生徒たちは、一方で経済的に困らない高級旅館の子弟たちがおり、他方では「この世のものとは思えない」貧困な開拓農民の子どもたちがいた。正義漢だったS先生には貧困な子どもたちを見捨てておけなかったのだろう。

たとえれば仙台医専に入学して解剖学のノートもうまく取れない魯迅を、教授の藤野厳九郎が毎回ノートを添削したのと似ている。S先生のおかげで私の成績が上がり、クラスでトップスリーになった。

クラスで列をなして歩いている時、いつも私の前を藤野君が歩いていた。ふくらはぎに大きなアザがあった。彼は魯迅を指導した藤野厳九郎の親戚だった。私は20歳のころ、「自分には生きる価値がない」と思い詰めていて、魯迅の思想に救われた。が、魯迅を仙台医専で助けた藤野先生は、同じ町の先輩だった。のちに北京・天安門広場にある革命博物館で、疲れた魯迅がタバコをくゆらせながら藤野先生の写真に見入っている場面に出会う。

弘前での生活

城下町・弘前は母の生まれ育ったところで、この町の小学校の6年に転入した。ところが津軽弁が全くわからない。今でも津軽の人が語る時にはテレビに字幕が出るが、「廊下をぼこらない」と黒板に書いてあり、それは「廊下を走るな」という意味だ。わかる訳がない

福井にいた時には熱心なS先生が励ましてくれて、成績が良かった。しかし転校先で言葉もわからない私にできることと言えば、後ろの席でわざと失敗しておどけて見せることだけ。体育の時間に縦に並んで歩くとき、緊張していたせいで、右手と右足を同時に出し、左手と左足を同時に前に出して歩いた。たちまち先生に見つかって注意された。神経発達症の、協調運動障害だと思われたか。

津軽地方は独特の言葉と文化を持った世界だ。数年前五所川原の立《たち》ネプタの踊りを見た時、そ

の荒々しさに驚いた。大和王朝が進出する前の蝦夷地の文化が残っている。血が騒いだ。

津軽は古来中央政府から完全に支配抑圧されることがなかった。そのことにより津軽人の独立不羈《ふき》の気性や反骨の精神を育て上げたという。それは良く言えば一徹不変・志操堅固、悪く言えば閉鎖孤立・排他・非協調・狭量強情となる（宮崎道生『青森県の歴史』）。版画家の棟方志功が無名のころ、「わだばゴッホになる」（俺はゴッホみたいになってみせる）と言ったが、棟方の天衣無縫と非常識さは津軽の風土が与えた。

青空を突き抜けるように野放図で奔放で、反逆的でアウトロー的な文化。ここは今まで経験した日本とは違う。そんな津軽を私は好きになった。

「物は乏しいが空は青く雪は白く、林檎は赤く女達は美しい國、それが津軽だ。私の日はそこで過され、私の夢はそこで育くまれた。」（石坂洋次郎　弘前市りんご公園文学碑）

数学教師に罵倒されて目覚めた

中学の時は、A君とO君の非行コンビとのつきあいのほかに、やはり教師から見放されたグループと早朝にソフトボールをやるのが楽しみだった。あれは開拓村で「子どもらしく遊べなかった」ことを取り返す「いい仲間体験」だった。方言がわからず、人の中にとけこんでいけない私を彼らが救ってくれた。

ところが二年の時に数学のテストで40点。勉強しないのだから当たり前。そしたら、みんなが忌み嫌っていた数学の女性教師が私の机までやってきた。彼女はいつも怒ってばかりで、他人をほめたり笑ったりしたことがない。そのK先生は私のことをどう考えていたのか知らないが、「蟻塚君、あんたは勉強すればもっとできるはずなのに、これは一体なんですか」エトセトラエトセトラ、あらん限りの悪口雑言で罵倒された。

私はボロボロと涙するのみ。弘前に引っ越しして食えない心配はなくなった。しかし毎日がなりゆき任せで投げやり。生きる意欲も未来もなし。弘前に来てからの自分の、そんな行き当たりばったりの日々を思った。こんな無目的な中学生活を続けてはいけない。理不尽な貧困を味わわされた難民の子は闘わなきゃいけない。

貧困が子どもの心をダメにする

中学に入って泳げないのに、道具は水泳パンツ一つだけで金がかからないからと水泳部に入った。ところがそこは、他のどのサークルでも適応できない「半グレ」の集まりだった。水泳の基本の息継ぎは、2カ月くらい他の選手の泳ぎを見て、まねて覚えた。

監督もコーチもいないのは幸いだった。モデルにしたのは、当時のローマオリンピック（1960年）前後に放映された国際大会の「ピッチ泳法」だ。それまでの日本の水泳はバタ足が推進力。しかし2ストローク6ビートの泳法では足が邪魔でピッチが上がらない。国際大会のトップクラスを行く選手たちは「推進力としてのバタ足」を捨てて、上半身の腕力で強引に体を引っ張ってピッチを上げていた。こんな泳法を研究しているうちに、私を東京オリンピック（1964年）の指定強化選手に推薦するという手紙が中学校に来た。そうとは知らない私は、今度は何で叱られるのかと職員室に行った。

しかし家は相変わらず貧しく、水泳を終わって帰宅してから家族の夕飯の支度をした。今風に言うとヤングケアラー。だから成績が良くて生徒会の役員に就くなどして華やかな光を浴びる生徒たちには反発した。

むしろ教室の後ろの方にいて勉強なんて眼中にない「非行少年」たちと仲良くすることが自分の反逆心を満たしてくれた。彼らは教師から目の敵にされていたが、いずれも親子関係が悪く家庭が貧しかった。貧困が彼らを問題生徒にするのであり、人間は誰も平等なはずだと、聞きかじりのルソーの天賦人権論のようなことを考えていた。彼らは、自らに責任のない貧困というものによって非行に走る。彼らは社会の犠牲者だ。私と彼らの違いは、私に度胸がなくて非行に走らないだけでしかない。

数少ない親友の宇野君とはいつも話した。床屋の息子で、頑張り屋で成績も同じくらいだった。ある時、宇野君と帰る途中ひどい雨に降られ、びしょぬれになって彼の家に行った。宇野君のお母さんがまるで自分の家族のようにタオルで拭いてくれて、濡れたシャツも乾かしてくれた。そんな親身な言葉や行動に接した記憶がなかったので「これが母親というものか」とびっくりした。

私の母は福井の開拓にいた時、しょっちゅう「動悸がする、心臓が苦しい」と言って薬を飲んでいたので、あまりかまってもらえなかった。おそらく福井空襲の下を乳児だった兄をおんぶして逃げ惑った体験によるＰＴＳＤだ。弘前に来てから、母は実家の料亭を女将《おかみ》のように切り盛りしていて家庭的な人ではなかった。朝に父が建設会社の作業員として出かける時、母は寝ていた。父は自分で朝食を食べて自分の弁当を作って、私が見送って出て行った。父が不憫だった。だから「母親の人肌の温かさ」のようなものを最初に教えてくれたのは宇野君のお母さんだ。

高校は進学校。しかし、教師からの「弘前高校は優秀だ、君たちは優秀であるべし」という鼻持ちならない「プライド」が嫌だった。教師たちのプライドの奥に、彼らの屈折した心を見た。だから高校はちっとも面白くない。中学同様に気分はいつも反抗的。大学の工学部を受験したが、見事に不合格。表面的な思い付きや連想ばかりで、物事の成り立ちを理解することができていなかった。そこで家庭教師のアルバイトをやりながら自宅浪人、大学受験ラジオ講座と通信添削の二つで勉強した。それまでの自分の知識は「当たらずとも遠からず」で、理屈も原理も何もわかっていなかった。

翌年は東北大学の工学部と弘前大学の医学部に合格。どちらに行こうか。工学部に行けば会社組織の中で働く。しかし、そこでの対人関係をうまくやっていけないなあ。心にもなくお世辞を言ってペコペコなんてできない。だから医者になろう。医者なら食いっぱぐれがないし、これで貧しさから脱出できる。ヒューマニズムという概念は私にはまだなかった。

挫折や傷つきはまっとうに生きている証拠

大学1年の時は、牛乳配達のバイト。朝3時から5時までドイツ語の勉強をして、5時から牛乳店に行くというのが「日課」。自転車の後ろの荷台に牛乳箱を縛り付け、ハンドルの左右には牛乳の入った袋を1個ずつぶら下げ、左右の袋に膝がぶつからないようガニ股でペダルをこぐ。おかげで今でもガニ股。

時々数箱の牛乳が余った。瓶の蓋をいちいち外し、製造工場から持ってきた翌日製造の印の入った蓋と取り換えさせられた。工場ぐるみの製造日偽装だが、生活が忙しくしてそんなところに倫理観を働かせる暇はない。何しろアルバイトが終わって急いで帰宅し、朝食をとって大学の授業に出ることとの方が大事だった。

そのうち、配達先の佐々木さんというおばあさんと仲良しになる。何しろ底抜けに親切。私も佐々木さん宅の田植えや餅つきの手伝いに行った。佐々木おばあさんの天衣無縫で底なしの人間味に癒された。それまで自分も他人も信じられなかったが、人間を信じるとはこういうことだと知った。

このころ私は19歳、生きることの辛さにもがいていた。自分は欠陥人間であり、生きる価値がないと感じていた。死にたいとは思わなかったし不眠もなかったから、うつ病ではなかったと思うが、どうやって生きればいいのかわからない。だから佐々木おばあさんの裏表のない人間信頼感は、生きることについての実存的な啓示であり、根源的な衝撃だった。

一方、中国の荘子が教えてくれた。絶世の「美女」が池の端に行っても鯉は逃げるし、絶世の「不美女」が行っても鯉は逃げる。つまり美醜という価値は人間が作りだしたもので、絶対的なものではない。私たちの社会の価値は相対的なものであり、絶対的な価値はない。一般社会で支配的な価値などくそくらえ。

また、魯迅は、挫折して傷つくことは、自分が確かに生きている証拠だと言う。絶望も希望も、それだけでは虚妄だ。まず歩け。人は理屈抜きに生きねばならぬと。これでやっと生きようという気になることができた。助けてくれたのは、中学の時の宇野君のお母さん、佐々木おばあさん、そして荘子と魯迅だった。独学で中国語を勉強した。

ベトナム戦争と学生運動

大学2年の時にはサイダー屋で働いた。サイダーを積んだトラックの運転手の助手。もっぱら農村部を回って、小売店に着いたらサイダーの箱をトラックから下ろし、空き瓶の箱をトラックに積む。運転手の福士さんとは、昼休みに車を止めて弁当を食べながらいろんな話をした。ある時「社会主義と資本主義ではどちらがいいのですか」と聞いた。朴訥で言葉の少ない福士さんが、「労働者には社会主義のほうがいい」と。そんなこともわからなかったのだ。

ちょうどそのころ、ベトナム戦争で米国による北爆が始まった。私は大学の図書館でベトナムの歴史や新植民地主義について乱読し、「ベトナムの平和を願う会」というグループを立ち上げようとしていた人文学部の学生と知り合った。彼がガリ版でチラシを作って私がまいた。彼の下宿に行った時、大学ノートに精密に書かれた漫画作品を見せられた。彼は、のちに『機動戦士ガンダム』の作画監督として一つの時代を築く安彦良和だった。チラシをまいても集会を開いても、私たちのグループに参加する者はいなかった。

ちょうど学生運動の激化する直前で、のちに連合赤軍事件で逮捕される植垣康博氏も顔見知りだった。浅間山荘に立てこもったB君は医学部の後輩で、解剖学実習の手引きを貸したままだ。

弘前には津川武一という有名な医者がいた。昼は病院で診療しながら、夜には農村に出かけて巡回診療をやる。貧しい人のために尽くした逸話に事欠かない人。たちまち津川先生は、私にとって医者のモデルとなった。私は頭の中が多動で、家の中でじっとしているのが嫌い。だから農村に出かけていくのは魅力的だった。

卒業後は先生が創立したK病院（民医連）に就職しようと決め、奨学金をもらった。授業料が1カ月1000円の時代に、医学教科書は1冊4000円も5000円もした。奨学金がなければ医学の教科書を買うことはできない。

そうしてK病院に出入りするうちに、精神科ソーシャルワーカーの桜井留美子さんと親しくなる。あるとき桜井さんが、「亮ちゃんさ、精神分裂病（現在の呼称は統合失調症）という病気があって、その患者さんたちは見た目はどこも障害がないのに、なかなか仕事も家庭も持てず、精神障害だという偏見を持たれて一生貧乏しながら生きていくんだよ」という話を聞かされた。それは初耳だった。頭を金づちで殴られるような衝撃を受けた。そんな人たちがいるなら、私は精神科医になろう。

出稼ぎ…使い捨て労働力供給基地としての東北

私は政治的なセクトに属さず、いま田んぼから出てきたオジサンのような風体だったから、違和感がハンパなかったようだ。「ベトナムの平和を願う会」の集会で安彦と一緒に演説している蟻塚というのは何者だ？　大学の用務員さんか?と噂になっていた。

大学2年の後半に、誘われて民医連の学生組織（研究会）に参加した。どうやら狙われていたらしい。初めて参加したこの研究会で、医療系の学生を集めて集会を開くことになり、初参加なのに私にその集会で話をせよと言う。それで自分なりに考えて次のような話をした。

世の中はオリンピックだ新幹線だと言われて、東海道新幹線や羽田のモノレール、首都高速道路や大型ホテルなどの建設ラッシュ。しかし、その陰で多くの東北の農民が家族と別れ、出稼ぎに行って都会の繁栄を支えている。日本の社会の光の部分と、出稼ぎに行かざるを得ない農民たちという影の部分。そんな現実を前に、私たち医療系の学生はどんな風に生きればいいのか。

このころから青森でも出稼ぎに行く人が増えてきた。農村が解体されて都市労働者となり、都会の資本主義を支えるという図式が、まさに目の前で進行中。そもそも私たちが福井の開拓村から離農したことは、農村労働力が都市の労働力に変わったこと。東北は戦前から日本の食料を生産し、兵隊を提供し、電力や資源を都会に供給してきた。そして東北の最大の役割は、都市の繁栄のために必要な労働力がいつもプールされてきたことにあった。

前衛党が労働運動を弾圧した

1966年に大学に入学し、1972年に卒業した。医学部5年の時、自治会の書記局長になった。時には夜中の3時ごろまで、チラシの印刷をした。農村に出かけていくサークルも主宰していたが、そこではとことん一人ひとりの思いを大切にした。それは全国に広がった学園闘争や革新都政など、民主化運動の反映でもあった。

そして、就職した病院では労働組合の執行委員をやった。私は大学での活動の延長のつもりでいた。ボーナス闘争の時、壁新聞を描き、大学の教授会をおちょくるのと同じように、専務や常務をコテンパンにおちょくった。すると、これが「それまで眠っていた職員」の目を覚まさせ、日曜日に170人もの職員が団体交渉に自発的に集まり、いつもの団体交渉とは様変わりした。私はとことん話し合えば必ず納得する着地点に行くはずだと楽観していたが、「敵」はそうでなかった。ある日、共産党の青森県委員会が乗り込んできて「君たちは病院を破壊するつもりか」と言われて、しこたま叱られた。大学で学んだ民主主義は通用しなかったが、あれこそ団体闘争権を頭から否定する不当労働行為だ。しかも労働者の味方を売り物にする政党がやるなんて。

社会主義国の堕落

就職して2年目に「ソビエト医療視察の旅」に参加。モスクワ、サンクト・ペテルブルグ、キーエフ、トビリシ、エレワン（アルメネニア）などの病院を訪問。ある都市で健診システムについて説明を受ける。すべての人々の管理をするソビエト（管理委員会）が計画して本人にもれなく通知する。「どうだ、万全だろう」と相手は言う。「もしかして健診を受けない人はいませんか」と聞いたら「そういう人もいる」と言う。「それは下からの民主主義を無視するからではないですか」と伝えた。社会主義の弱点はここにあると思った。

別の日、通訳のジェーニャが「キャバレーに行きませんか」と誘う。外国人や共産党のエリートだけが参加できるキャバレーです、と。「労働者の国であるソビエトで、金持ちや外国人やエリートだけに開かれたキャバレーを開くなんて、君たちは恥ずかしくないのか」と問い詰めた。ジェーニャは何も言えなくなった。差別のない労働者の国のはずだったのに、そういう差別を公然とのさばらせるところに、ソ連の社会主義のいい加減さの正体を見た。ある夜、数名で通訳にもことわらず、モスクワの街の中を歩き、たまたま夜間の救急センターを見つけて訪ねて行った。「ここに来た日本人は初めてだ」と大歓迎された。しかし翌日、私たちは通訳から「無届け外出した」とこっぴどく叱られた。夜間救急センターの誰かが密告したのだろう。大学で学んだ民主主義はソ連でも通用しなかった。（現ロシアのプーチン政権は、このようなソ連の腐敗体質を引き継いでいるのだろう。）

Uターン精神病を病む若者たち

精神科医になってから、私と同じくらいか少し年下の人たちで、都会に出かけて精神分裂病（統合失調症）を発症して帰郷する人たちが多かった。これは「Uターン分裂病」と呼ばれていた。

ある女性の患者Oさんは中卒で北陸の繊維工場で働き、夜は会社の寮で寝泊まりしていた。彼女の語る言葉が、同じ北陸に育った私には懐かしかった。もう一人の髪の長い女性Tさんはなかなか退院できないでいた。彼女は高卒で関東方面に働きに行って発病した。寡黙な人で自分を語らない人だった。ご家族との話し合いを何回か計画したが協力的な返事を得られなかった。

Oさんにとっては、言葉と文化と大人の集団に入ることのストレスが大きかったのかと思う。一方Tさんは、そもそも親子間で十分甘えたり、反抗したり、話したりすることが少なく、高校時代も孤独で寡黙だった。そんな孤独で対人的スキルの乏しいTさんを東京の会社の事務員に就職させた家族は、そもそもが家族間が分離していて「破綻に瀕していた家族」だったのではないか。だからTさんの家族は面会に来たこともないし、退院の相談に呼んでもついに来なかった。

Oさんのように異なる文化のもとで発病する精神疾患は多い。日本に居住する日本人の統合失調症発症率より、ハワイまたは米国本土で生活する日本人の方が統合失調症の発症率は高い。Oさんの発症の主因はこのような異文化摩擦に大きい原因があるものと思われた。

これに対して寡黙なTさんの発症の大きな原因は、「大人になること」に対する自信のなさなのではないかと思われた。家を出て都会で就職することによって、それまで不十分ではあっても受けていた親の保護を失う。「大人になる」ことによって目前の困難な課題に直面した時、私たちは自分の自信や精神的よりどころの中核を確かめるために、「自分というものの存在意義」を確認する作業を行う。しかし精神的な拠り所がない、または弱い場合には、自分が存在しないという現実に向き合った瞬間に自分が壊れてしまう。そして発症する。もちろん貧困という要因が事態をさらに悪化させている。

津軽でどうして「Uターン精神病」が多発するかと言えば、東京の文化との懸隔による。青森は今でも日本的またはヤマト文化的ではない異質な文化を残した土地である。沖縄を除いて全国ほとんどの土地は日本的な文化に同化してしまったが、津軽にはまだ中央に同化しない文化が残っていた。

捨て石、転じて世界に飛び出す

36歳で副院長をしている時、大腸がんになった。その回復を待っていたかのように前任院長のYが退職。6歳上の内科の医者から「お前が精神科の捨て石になれ」との命令。そのころ精神科研修を当院で終え、全国に散っていった後輩の精神科医は10人ほどにも。「私だってそのうちに」と思っていたが、私は津軽から出ていく機会を失った。

しからば、津軽という「へき地」と東京と、何が違うのかと考えた。何よりも情報の量が東京は多い。ついで優れた精神科医のナマの声を聴く機会が増える。これくらいか。だとしたら津軽にいて世界中の情報を取り込めばいい。外国も含めて大切な情報を大学人以上にキャッチできればいい。地球は丸いのだ、津軽が地球の中心だと思えばいい。図書室を作った時から、北欧の『Acta Psychiatrica Scandinavica』と、英国の『British Journal of Psychiatry』誌を定期購読していたが、これに加えてモスクワから『ベヒテレフ記念精神病学雑誌』も定期購読することに。一方、新築移転前の古い精神病院は弘前大学に近かった。仕事の隙を盗んでロシア語講座の聴講生になり、半年のうち5回しか出席できなかったが、期末試験をトップで終わった。おかげでロシア語を読めるようになった。この三つの雑誌の目次をパラパラ読むだけで面白かった。

学会に出た時にはどんな権威にもおじけることなく、必ず名前を名乗って「するどい質問」を心がけた。アカデミズムとの命がけの闘いだった。「癌患者の心因反応について」というロシア語論文を投稿して2万円もらった（「民医連医療」1981年11月号）。内容もだが、ロシア語翻訳で報酬をいただいたことが愉快だった。

1987年、私は40歳だった。ノルウェーにおられた愛媛大学の金沢彰先生を頼って単身でオスロの精神病院を見に行った。初めてのヨーロッパだった。ヨーロッパの真ん中に行くのが怖くて、北欧から行ってみたのだ。

そこは大学病院の付属精神病院であったが、地域の救急システムのメンバーも兼ねていた。重症病棟を見せていただいたが、大きな声を出さないように言われ、病棟には静寂が支配していた。看護婦は私服。10～15ベッド。医局に戻ったらフレデリック・モルトという若い医者が話しかけてきた。英国の家族理論（ＥＥ学説）の追試をしているという。その後間もなく彼はオスロ大学に世界最初の災害精神医学の教室を作った。モルトは、阪神淡路大震災の時には、災害精神医学に関する論文集を送ってくれた。

１９８８年には国際的に有名だったＤ・Ｈ・クラークがフルボーン病院の院長をやめたと知って、ケンブリッジに会いに行った。たまたま大学同級の兼子直と群馬大学の知己の伊勢田堯両氏も同地におり、心理士のジェフにあちこちのグループホームを案内してもらった。

彼らに推薦されて英国のリハビリテーションの本を３人で翻訳した（『精神科リハビリテーションの実際』①②、２００１）。ジェフの取り計らいで「欧州の精神障碍者の就労会議」に入れてもらった（CEFEC: Confederation of Employments, Firms, and Initiatives for people with mental health problems）。この会議は国境についての私の考えを変えた。

島国的国境感覚の日本人

ＣＥＦＥＣとは、精神障害を持つ人の就労に関する欧州会議。「障害があっても働く権利がある」という「働く権利の章典」をＥＵ議会に認めさせた。日本やアジアからの参加は私一人だったが、彼らは私一人のために会則を変えて欧州以外からも参加できるようになった。ギリシアで開かれた会議ではＥＵから補助金が出て、日本人である私も旅費の半額を支弁された。障害者の企業（ソーシャルファーム）は、障害者に給料を払って、なおかつ一般企業と競争して生き残ることを目指している。だから、経営についてはマジメだ。幹部たちには大学で経済や心理を勉強した人もいる。理事会には障害を持つ人も参加できる。内部的には障害を持つ人が就労しながら、外部的には一般企業と伍して負けない商品やサービスを提供することが原則。年に1回150～200人規模の総会を開き、交流しあって相互研鑽を図る。私も「リョージ、リョージ」と呼ばれてとても親しくしてもらった。私も43歳、若かった。

彼らは戦争の世紀を乗り越えて、3億2000万人のEUという新しい国を作るんだという熱気に包まれていた。EU成立前の貧しいギリシアやアイルランドにドイツや英国から支援に行った。そしてEUが発足した時には、ほぼ全域で精神病床数を減らし、等しい精神保健サービスを提供できた。

ベルリンの壁が崩れた時には、「直ちに東ヨーロッパの障害者を支援に行こう」という決議が上がった。サンフランシスコで火事が起きれば、パリに毛布が集められる。そんな風に楽々と国境を越えて発想したり行動したりできる彼らを見ていると「国境という障壁」が日本人には高すぎると思った。

ギリシアのデルフィの総会で2日目の宴会が終わった後の歓談時間のこと、私のボスのG・アルノア（WHO）たちとベランダで話していたら、5mくらい離れた柱の陰からドイツの見知った女性がオイデオイデする。大会行事にない「隠れ二次会」のバスを用意してあるからぜひ行こうというのだ。もちろんOKしてバスに乗ったら、中で待っていた連中がワーッと歓声を上げた。私が来るかどうか賭けをしていたらしい。二次会の港町まではだいぶあるから歌を歌えということになり、私が蛮声上げて木曽節を唄った。そうしたら驚いたのなんの、「木曽節」の要所要所にくると、「ヨイヨイヨイノ、ヨイヨイヨイ」と西洋人が唱和するではないか。国境なんてどこかに行ってしまった。人間なんてそんなものだ。国境なんて、自分の意思で飛び込んで行けば変えられる。日本人は自分から国境を高くしている。

偏狭な日本のメディア

ＣＥＦＥＣ会議がベルリンで開かれた時、朝に会場に行って驚いた。ニューヨークで9・11テロがあった日の直後だ。多くの西洋人たちは、黒服に身を包み喪服姿で現れた。私にはそんな発想は全く浮かばなかった。ヨーロッパではテレビに映る「外国の」ニュースも事件も、すべて自分の足元とつながった地続きの現実なのだ。「彼らとわれらは同じ土地に住んでいる」という実感が日本人と違う。とてもショックだった。それまで「外国での出来事」とは、それは異国の出来事であった。私が考えていた国境感覚に頭から水をぶっかける出来事。

最近高遠菜穂子さんとウクライナについての話をしていたら、①日本の現地記者が圧倒的に少ない、②仮にフレッシュな記事や新聞を日本の通信社に送っても、過剰なモンタージュをかけたり、内容をあいまい化されるという。そのようにして、日本の通信社やメディアは「外国で起きたこと」を、忖度して「日本人向き」記事に作っているから、真相は現地の生のニュースを見なければ日本にいてはわからないと言う。東日本大震災の時も、国内の新聞に載せない写真や、避難先でのレイプ事件などは報道されなかった。日本のメディアは〈忖度〉する。

いつの間にか私の頭もそういうことに毒されていた。

クラークおじいさん

戦前日本においては、精神科治療のできる病院はかぎられており、自宅内の座敷牢に患者を収容することさえ可能であった。戦後の社会混乱の中で覚せい剤中毒や炭鉱労働者に多発したアルコール依存症などの増加によって、精神病床のニーズが大きくなり、公的と私的病院を合わせて精神病床が増えた。しかも悪いことには、入院患者にする治療的なアプローチは乏しく、入院患者が精神病院に「たまっていく」ばかりとなった。

一方、欧州などの先進国では、作業療法やデイケア、グループホームの試みなどの治療的なアプローチを進めた結果、精神病床は減少の一途をたどった。国際的にも異質な経過をたどる日本の精神医療について厚生省は、ＷＨＯに日本の精神医療の改善勧告を求めた。これに応じたのが、当時英国のフルボーン病院長として先進的な精神科治療を行っていたD・H・クラーク博士だった。

クラークは日本の精神医療の視察の結果「クラーク勧告」（1968年）を提出した。外来中心の精神医療に切り替えることなど、精神病床を削減することを柱とした提案だった。これに対して日本精神病院協会などは病院経営が脅かされるとして反対し、厚生省もクラーク勧告を「斜陽の英国から学ぶものはない」と拒否した。改善勧告を依頼しながら、内容が気に食わないから拒否するとは失礼だ。しかし私たち若い精神科医には「クラーク勧告」が、道理にかなったものとして魅力的に見えた。

良い師匠、魅力的な医師、時代を開く人物には、「ともかく会いに行く」ことが私たちの野蛮な信条だったので、彼がフルボーン病院長をやめたと聞いて、早速英国に飛んだ。1988年6月、私は41歳。初対面なのにとても歓迎してくれ、自著を何冊かいただき、帰国後にそれらを翻訳出版した（『ある精神科医の回想―戦争と青春の出会い』、『21世紀の精神医療への挑戦』）。精神科医として見ると、先生はやや抑うつ的だった。栄光の塊のようだったフルボーン病院院長だったのに、いまやクラークの個室もないのであった。

私たちがお訪ねしたことのお返しか、秋にクラークが日本に来た。関東方面のエライ先生たちと旧交をあたためられた後、弘前に来られたのは11月だった。私たちの病院の、特に閉鎖病棟を詳しく見て、大切なところは「蟻塚、お前の言葉で直接答えろ」と通訳任せを許さなかった。クラークは長らく英国で精神病院の監査をやっていて、同じ質問をぶつけてきた。何とかパスした。翌日私の息子たちと一緒に私の車で青森空港に向かったが、途中でアラレが降ってきた。しきりに「飛行機は飛ぶか」と心配した。不安神経症だ。青森市のてんぷら屋で昼ご飯を食べた時のこと、子どもたちがみな笑った。クラークの右の靴は裏返し、左の靴はあっちを向いて裏返し。本人は無頓着。

引きこもり青年との共同生活

たまたま、かみさんが単身赴任だった時期があり、引きこもりの青年と一軒家に暮らした。彼は豊かな農家の息子で跡取りを期待されていた。高校中退の後から、引きこもり生活に陥った。彼の親は弘前に二階建てのシンプルな一軒家を所有しており、私が2階に住んで、彼が1階で暮らすという同棲生活が始まった。時々リストカットをやったり母親に暴力をふるったりしたが、私はそのことの報告を聞くだけで、強く意見しなかった。

私には、若者の精神医学的な治療なんてできないし、「変なおじさん」と生活して、「こんな大人でも生きていける」と思ってもらえればいい。一緒に近所の飯屋にご飯を食べに行ったりした。ある時、「明日から沖縄に行くが、あんたも沖縄に行くかい」と聞いたら「行きたいです」と言ったので一緒に行ったことがある。途中、羽田空港で二人でビールを飲んでいて遅刻し、「蟻塚さん、至急最寄りの係員にご連絡ください」とアナウンスが流れた。二人して心臓バクバクさせながら走ったが、搭乗口に着いたら「今飛行機が出ました」。ああいう時は走らないで、最寄りの係員に連絡するべきだと知った。

「来月ベルリンでヨーロッパ会議があるが、ベルリンに行くかね」と聞いたら「ぜひ行きたいです」と言うので、親に旅費を出してもらって一緒に行った。好きな時に会議に出たり、会議に出ないでベルリンの街をほっつき歩いていたようだ。

引きこもって一人でいると、「勤務先もないし、収入もないし、なにしろこの社会で自分の足場がなくて辛いんです」と彼は引きこもりのつらさを教えてくれた。だから「ああしろ、こうしろ」という指示は一切せず、相変わらず行きつけの食堂のおじさんのところに通った。

その後私も弘前を離れてしまったが、どうやら無事に跡継ぎをしているらしい。引きこもりというのは、本当につらいだろうなと思った。

市長候補者事件

市長候補選考委員長をやっていたのに、候補者と目した人から断られて私が弘前市長に立候補する羽目になった（2000年）。偶然だが、その1年前から、市内のすべての障害当事者団体とともに『市民が作る障害者プラン』を作っていた。この『市民の障害者プラン』が市長選挙での「まちづくりの政策」となり、この「プラン」を作るために毎月集まって下さった人たちが選挙の応援をしてくれた。この街づくりプランは日経新聞や日系流通新聞などから、「福祉とまちおこし」の先進地の所見を取り入れた優れものだ。

高齢弱者が買い物できるように、市の中心部のアパートを借り上げ市営住宅とする。ストックホルムのガムラスタンは観光客でにぎわっているが2階以上はアパートである、あれを真似した。そして「人が住まない町は町ではない」というスローガンを徹底した。

選挙演説会の第一声をやってくれたのは「私は精神分裂病です」と堂々と病名を明かした若者だった。次に小児麻痺の女性が、車いすから「ア・リ・ツ・カ・サンをおねがいします」と言った。震える手でマイクを握って、雪のたたきつける街頭でも彼らは選挙の応援をしてくれた。自分の住む弘前市に障害を持つ人がこんなにいるのかと、涙した人もいた。

医師会を訪ねたら、「共産党が推薦する候補は支持できない」と言われた。しかし普段から私は医師会という存在は地域に欠かせないものだと思って医師会の行動に参加してきたので、理事会で「蟻塚を支援するかしないか」の賛否が同数になったという。結局、今回の選挙では自民党現職の推薦をとり下げ、「どの候補も推薦しない」こととなり、事務局長が軍資金を持って私の事務所に訪ねてきた。

都市というものを考える上では早川和夫先生（『住宅貧乏物語』「居住福祉」）から教わった。駅は単に電車の乗り降りをする場所にとどまらず、人と人が会ったり、新しい街を訪ねた時のスタートポイントになる。行きつけの飲み屋は「ある種のデイケア」機能を持つことになる。

高齢者が毎日集まる喫茶店もデイケア機能を持っていると考えればよい。中心市街地の空洞化が問題となっていたこともあり、市の外れに住む高齢者にバス券を支給することなどを訴えた。駅前の一等地にある「撤退を予想される」巨大スーパー（のちに撤退した）は老人施設にするのが良いと訴えた。

障害者が作って障害者が運動したこの選挙は日本で初めてだろう。何しろ保守系の人たちみんなから歓迎された。ふだん付き合いのない商店街の花屋さんが、宣伝カーまで鉢に入ったシクラメンを届けてくださった。

うつ病との付き合い

中学生のころの私は結構なお茶目であったが、基本的にずっと自閉的で対人関係の広がりは乏しかった。私の対人関係が広がっていったのは、28歳の時に松井紀和先生の下で分析的な集団力動訓練を体験して以後だ。ところでがんの発病を知らせる警告うつ病だと思われるが、34歳ごろに本格的にうつ的な気分が強くなってきた。毎朝、毎日が苦しくて、「これはウツだ」と思って薬を飲んだ。しかし世間で言われているほどに抗うつ剤は効かない。薬よりも行動の方が効く。
例えば出勤したくないという思いで悶々としている時、頭の中で出勤するために闘わない。むしろ顔を洗って、服を着て、靴を履いて、玄関を出るという「その場その場の小さな行動」の方がはるかに効果的。「ともかく〇〇する」を繰り返すので「ともかく主義」と言う。後は散歩が薬よりも効く。散歩は心理的縄張り感覚を拡大し、鎮静効果もある。

私たちが不快になるのは何かの原因によるが、うつ病の場合は、朝起きた時に理屈なしに憂鬱なのだ。そして日中も何を考えても悲観的な結論に落ちる。「〇〇したら楽になる」と思って5分すると「やっぱりダメ」という結論に陥る。これも何故なのかわからない。そんな風に何を考えてもマイナスの結論に陥ることを繰り返していると「ふと死にたい」という気分がわいてくる。自分で死にたいと思わなくても、なぜか頭の中で「死にたい」気分がわいてくるのだ。

話はそれるが、私は患者さんに処方する薬はほとんど試し飲みしている。ある時新しい抗うつ剤が販売されたので、例によって試し飲みしていた。その数日後外来診療していて、突然「死にたくなった」。おかしいな、今自分は死ななければいけない理由は一つもないのに、「死にたい」という気持ちが頭の中に浮かんでくる。これは新型の抗うつ剤を「不規則でいい加減」に飲んでいたせいだと思い、医局に戻って机から安定剤を1錠取り出して飲んだら「死にたい」はなくなった。薬を不規則に飲むと血中濃度が上がったり下がったりを繰り返し、薬の副作用ばかり出る。

もちろんウツがつらくて「こんなに苦しいのだったら死んだ方がましだ」という気持ちで死にたくなることもある。私の場合は朝の出勤途中の上り坂にカーブがあり、そこで対向車とぶつかって崖から落ちて死ぬことをいつも考えていた。沖縄戦体験者たちと話し合ったとき、やはり「交通事故起こして死ぬことばかり考えてました」という人がおられたから、全国の交通事故の中には、うつ病で交通事故を起こす人もいるかもしれない。しかし衝突された相手にすれば迷惑この上ない話だ。

幸いなことに九州の神田橋條治先生と毎月1回「ハガキで文通療法」を1年間していただいて楽になった。ものの見方が多少変わった。「低空飛行で生きる」とか「死にたくなったらトンズラ」などはそのころ考えた。

津軽から沖縄に

沖縄は外国だ

沖縄で地域精神科医療に熱心だった島成郎先生が亡くなられ、琉球大学のH助教授から「地域精神科ケアをやる人がいなくなったから、沖縄に来ないか」と言われて2004年に沖縄に移住した。そのころは働きすぎによる「燃え尽きうつ病」で、必ず3時に覚醒する夜が半年以上も続き、私はほとんど「死んでいた」。

そんなことで2004年に沖縄に移住したが、そこはすっかり外国だった。言葉が全く違うのは当たり前、人々の生きている「時間のゆっくりさ」は日本で感じたことのないもの。「あんたどこの人ね？　日本ね？　ヤマトね？」と聞かれた。

私に「あんたヤマトね？」と沖縄の人が聞くということは、沖縄の人たちが誇り高い琉球民族のアイデンティティの中に今も生きていることを示す。食べ物も飲み物も風習もみな違っていて、やはり沖縄は外国だと思った。しかし私の沖縄体験は貴重だった。それまで日本で当たり前だと考えていた事柄のウソが、沖縄にいると影絵を見るようによく見えた。

学生時代に参加した沖縄「復帰」運動は間違いだった。沖縄が「復帰」するべきは琉球であって、日本ではない。「日本は単一民族だ」というのは嘘で、在日朝鮮人やアイヌの人、琉球民族、外国人労働者からなる多民族国家なのだと沖縄に行って身に染みて知った。学生時代に沖縄「復帰」運動のデモで歌われた「沖縄を返せ」は、琉球は日本領だという傲慢な日本人左翼の歌であり、間違いだ。

ちなみに2008年、「市民的・政治的権利」に関する国連人権委員会は、日本政府に対し、

「アイヌ民族および琉球民族を先住民族と公式に認め、文化遺産や伝統生活様式の保護促進を講じること」と勧告した。まったくその通りだと思ったが、自民党のみならず共産党もこの国連勧告を無視している。

日本人の原罪としての沖縄

明治政府がスタートしたが、南の国境が画定しなかったので、大久保利通が沖縄（＝琉球王国）に日本軍を駐留させたいと申し入れた。しかし軍事でことを構えることを肯定しない琉球王国はそれを断った。その翌年（1879年）、問答無用とばかりに明治政府は軍隊を率いて首里城に乗り込み、琉球王を追放して沖縄県をスタートさせた。これが琉球処分であり琉球王国の植民地化である。つまり日本政府は沖縄を軍事目的で手に入れた。そして今も面積にして0・6％の沖縄県に日本の米軍基地の70％を押し付けている。沖縄では2、3日に1回は米兵による事件や事故が新聞に載るので、沖縄戦は今も続いているという感覚を地元の人は持っている。

にもかかわらず、「憲法9条があるから日本は戦争してこなかった」と本気で信じる日本人もいる。その人たちは、沖縄が日本の米軍基地の最前線を引き受けているおかげで「平和」であることを忘れている。誰かの犠牲の上に成り立つ平和なんてあってはいけない。

劇作家の木下順二は、薩摩藩、明治政府、アメリカに占領された沖縄を形容して、「沖縄は日本の原罪だ」と言った。私は日本で生まれ教育を受け医療の職業についている。私が生きていられるのは沖縄の人たちのおかげだ。どんな「立派な」ことをしたとしても沖縄の人には頭が上がらない。

私たちの沖縄戦・精神保健研究会は、「沖縄戦によるＰＴＳＤ」について市民向けの公開講座を沖縄で開いていた。２０１２年のことだ。受付に沖縄人の男性が怒鳴りこんでこられた。応対に出た私に、「お前たち日本人が連れてきた戦争によって沖縄の人たちがたくさん殺されたんだ。それを何だ、お前は沖縄人を殺した加害者でありながら、他人事のように沖縄人のＰＴＳＤを勉強しようだと。許せない。こんな会合はやめろ」とものすごい剣幕だった。確かに言われたとおりだった。

日本「本土」防衛のための時間稼ぎのために勝ち目のない沖縄戦をやったのは大本営と天皇だ。沖縄にやって来た米軍の総数は55万人、たいして日本軍は7万人と地元の民間人による「防衛隊」2万人。これでひたすら時間稼ぎのために沖縄戦をやった。そのため沖縄では県民の3～4人に1人は家族や親せきの中に戦死者がいる。ことほど左様に、沖縄県民の中で沖縄戦は今も続いている。高齢化しているとはいえ、自分の叔母や祖父が残酷に殺されたとすれば、その記憶は消えない。私たちが観光客として沖縄を訪ねた時には、彼らはとても親切この上ない応対をしてくれる。しかし沖縄戦については別だ。

沖縄に移住して入居したマンション管理人のTさんとは、とても仲良しだった。マンションの向かいに寿司屋があり、そこには客と店主という枠を超えた「行きつけグループ」があり、私をもその一人に入れてくれた。私が運転して伊江島のユリ祭りにも一緒に出かけた。そのTさんに、何の気なしに沖縄戦についての自分の感想を漏らしたことがあった。途端にTさんは、今まで見たのことない鬼の形相になって怒鳴った。「お前に沖縄戦のことなんかわかるか、バカヤロー」。沖縄の人たちは一皮めくれば、沖縄戦の悲惨な思い出やヤマトに対する怒りが渦巻いているのだ。

それでも皆さん親切にしてくれた。中古車を買ったとき保険屋の叔母さんにはこう言われた。「Yナンバーの車とだけは事故を起こさないでくださいね。補償ができませんから」と。Yナンバーつまり米軍基地内または基地の外に住む米軍関係者の車のことである。高速道路を走っている時「流れ弾に注意」などという看板をよく見かける。なんということだ。

「外国人」だから見えることもある

おそらく沖縄で私が「外国人」だったから、沖縄戦のPTSDに気がついたのかもしれない。2010年に「うつ病の気分を伴わない、うつ病型の不眠」に立て続けに会うことがあり、これが沖縄戦から60数年たってから発症したPTSDであることがわかった。

このことを那覇市の精神科医たちの集まりで話したことがある。すると「自分たちの親戚には必ず沖縄戦の犠牲者がいる。だから子どものころから家庭内で沖縄戦のことを語ることはタブーだった。〝本土人〟である蟻塚だからPTSDの存在に気がついたのだろう」と言われた。

　確かに、私は沖縄文化にとっては外国人だから、戦争PTSDに気づいたのだと思う。いま私は福島県相馬市の診療所に働いているが、この土地においても私は「外国人」である。

沖縄に対する同化と差別

　明治政府がまず行ったのは琉球語の廃止運動だった。学校では「方言札」という木の札を用意し、子どもたちが方言を話すと、その木の札を子どもの首に掛けて廊下に立たせた。沖縄にもともと存在しなかった神社をあちこちに建てて、天皇陛下を崇《あが》めるように人々を指導した。旧制高校や医学専門学校などの高等教育機関は、植民地の台北（台湾）には作られたが沖縄には師範学校しか作られなかった。政府は沖縄人が日本語を勉強して天皇の「赤子」たれという教育には熱心だったが、高等教育は不要だという差別的な政策を取った。

　例えば沖縄県の県立一中校長・児玉喜八は「みなさんは普通語さえ完全に使えないくせに、英語まで学ばなければならない。これは一度に二つの外国語を修めるのと同じだから、皆さんにとっては重荷だ」と言って、中学校の英語を正課から外そうとして激しい抵抗にあった（新里恵二『沖縄史を考える』）。太田拓紀「明治期中学校の学校紛擾とその発生要因」滋賀大学紀要）。サイパン島にあった南洋興発（国策製糖会社）では、「内地」人は職員になれたが、沖縄人や朝鮮人は作業員にしかなれなかった（森亜希子『複数の旋律を聞く　沖縄・南洋群島に生きたひとびとの声と生』）。このころ「一等国民日本人、二等国民琉球人、三等国民朝鮮人」という言葉が普通に言われていた。

しかし自分たちの言葉を禁止されることは単なるコミュニケーションの問題ではない。方言を否定されることによって、自分たちが子どものころからずっと慣れ親しんできた琉球の音楽や文化や友達や家族との間での情緒的な（言葉で言い表せない）記憶を否定される。方言はそのような深層記憶と結びついている。だから、子どもたちにしてみると、単に木の札をかけられて立たされて叱られただけでなく、自分たちの文化を否定されたこととなる。

ウクライナに戦争を仕掛けたロシアは、ウクライナの子どもたちをシベリアなどの遠隔地に強制移住させ、ロシア語を教えるのだという。しかし言葉は文化であり、その人の精神的な拠り所であるのだから、「ウクライナのロシア化」はやってはいけないことだ。全く同じことを日本政府が琉球や朝鮮の人に強いてきたことは犯罪だ。

渡嘉敷島の『集団自決』

2010年の8月、まったく偶然だが、かみさんのお供をして那覇市首里教会の日曜礼拝に出席した。そこで初めて金城重明牧師先生から渡嘉敷島の「集団自決（集団強制死）」についてお話を伺った。私は、ハンマーで殴られたような衝撃を受けた。「今でもこの話をすると3日眠れないんですよ」と金城先生。

1945年3月27日に米軍が渡嘉敷島に上陸した。島民は3月27日の夜に島の北側の山の中に集合させられ、3月28日未明に320余名が「集団自決」に追い込まれた。

米軍上陸前に空襲と艦砲射撃で島のすべてが焼き払われていた。27日の夕暮れ時に住民たちは豪雨の中、泥でぬかるんだ坂道を登っていった。住民には家族ごとに役場職員から手榴弾が渡され、村長の「天皇陛下バンザイ！」の掛け声で手榴弾が爆発し、それを合図にあちこちで爆発音が続いた。しかし雨の中で爆発しない場合は、石や木の枝で父が妻を、兄が妹を殴り殺した。金城先生のご家族は両親と兄、先生、弟、妹の6名。

前方からは上陸してくる米軍、他方「生きて虜囚《りょしゅう》となるなかれ」という日本軍に後ろから挟まれて「生き延びることが恐怖」という逃げ場のない特殊な恐怖に住民たちは襲われた。

私はとっさに精神鑑定を思い出した。住民がみな山の中の死に場所に集められ、雨の夜、暗がり、自死せよと渡された手榴弾、そんな状態に置かれたら誰しも恐怖のかたまりになり、視野が狭窄し、判断力や現実感覚の低下などに襲われるにちがいない。

だから、沖縄戦で住民が追いこまれた「集団自決」状況は精神医学的な事象でもあるに違いない。しかし大江健三郎『沖縄ノート』の記述をめぐって争われた「大江岩波教科書裁判」

で精神科医の関与はなかった、ならば自分が調べようと、関連する大量の英語論文を読んで3カ月。そして、「ナチス収容所から生還した人々の睡眠障害」という論文（J.Rosen et al, Sleep Disturbances in Survivors of the Nazi Holocaust, Am J Psychiatry, 148:1, 1991）にぶつかった。ちょうどそのころだった。循環器内科のM先生が、「どの薬を使っても何をしても眠れない患者たち」を5人、私の診察に紹介してきた。夜間に頻回に覚醒して、うつ病にありがちな不眠だがうつ気分がない。私もこんな不眠には出会ったことがなく、「奇妙な不眠」と名付けた。

そして「奇妙な不眠」が米国論文のホロコースト生還者の不眠と同じだと気づいた。つまり「奇妙な不眠」はホロコーストや沖縄戦の体験者が示すＰＴＳＤに特有の過覚醒不眠だった。そこで心療内科に通院している高齢者の診断を、ＰＴＳＤという視点から洗い直しをした。出てくるわ来るわ、多い時は1週間に5名の患者が戦争後遺症だとわかった。10カ月間に１００名ほどの患者さんが戦争関連後遺症であった。

このことを２０１１年の沖縄精神神経学会や日本の複数の学会に発表した。しかし良い反応はなかった。おそらく私の報告を聞いた人が戸惑ったのかもしれない。

那覇市の学会で報告した時に質問があり、「蟻塚先生はこれから反基地運動を進めるのですか」と言われた。私自身もＰＴＳＤが社会的な問題なのか、医学的な次元の問題なのか認識できなかった。

しかし最近の米国復員軍人局のホームページでは、50年前のベトナム戦争に従軍した兵士が老年期になって発症するＰＴＳＤ症状を晩発性ストレス症候群（Late-onset Stress Syndrome）と呼んで警告しており、戦時体験から何十年もの潜伏期間をおいて晩年に発症した沖縄戦高齢者と同様の症状が、ベトナム帰還兵に発生していることを認めている。

私の見つけたＰＴＳＤ症状群の事例

詳しくは拙著『沖縄戦と心の傷』をお読みください。

1　晩発性ＰＴＳＤ
2　命日反応型うつ状態
3　匂いの記憶のフラッシュバック
4　パニック発作と中年からの心気的愁訴
5　身体表現性障害（身体化障害）
6　破局体験後の持続的人格変化および精神病エピソード
7　認知症に現れる戦争記憶
8　非精神病性幻聴、色覚異常、幻視、幽霊（再体験記憶）

このうち、1と5について事例を示す。

晩発性PTSD

76歳・男性。若いころは同業者に先駆けて北海道から沖縄に牛を導入して酪農を拡大し、農業委員も務めた。仕事を息子に譲り、気になっていた母や妹の入る立派な墓を作った。その後から、入眠困難と夜間の頻回な覚醒、運転中にどこにいるかわからなくなるという解離性せん妄、沖縄戦の時に亡くなった妹のうなり苦しむ場面や、日本兵による住民の斬殺の場面のフラッシュバックなどが出現してきた。子どものころの戦時トラウマ記憶が、仕事を息子に譲り、一安心した後に晩発性PTSDとして発症した。

身体化障害

78歳・女性。「本土」で働いていた息子の訃報を受け取った途端、不眠と抑うつ状態となり、足に力が入らず車いすの生活に入った。夜にはかつて戦場を逃げたときの死体の匂いがする。夜中に誰かが現れ「自分の足を触る」。幻聴さえ聴こえた。それから8年後に筆者の外来に受診し、戦争トラウマによる後遺症と診断して1年後に軽快した。同時に足の力が回復して歩けるようになった。

高齢化による認知機能低下によって、物忘れがあらわれる。しかし、戦争トラウマのように痛みを伴った記憶は、高齢化によってむしろ突出し、先鋭化してくる。だから、痛みを伴う記憶に限っては高齢化によって「記憶は良くなる」のである。

故郷の山や景色は自分の一部

沖縄人の言葉がわからない日本兵と、自分たちの生活の場であった沖縄の住民にとって、戦場とは、住民にとっては故郷であり心の一部であるが、よそから来た日本兵や米兵にとって、山や断崖や松の木は、単なるモノとしての山でしかない。

沖縄には濃厚な近所付き合いや、たちまち一緒に踊るカチャーシーに代表される地域の文化がある。これがいかに沖縄戦のトラウマから住民を守ってくれただろうかと思うと同時に、こうした環境または文化的なレジリアンスを戦場で剥ぎ取られた住民たちのトラウマの大きさを思う。沖縄住民にとっては故郷の山や川という「心の被膜」が破壊され喪失されたことによる虚無感や無力感はいかほど強かったことだろうか。

だから、沖縄の住民と日本から来た兵隊のＰＴＳＤは違うだろう。日本から来た兵隊にしてみると他人の土地だから、山が壊れようが人が死のうが他人事である。沖縄の人にしてみると、山が壊れるということは自分の心が壊れることである。住民が目の前で死ぬということは、自分が壊れることである。死に対する日本兵と沖縄の住民との距離感が全く違う。

ちむぐりさ……沖縄の人は悲しむことができる

精神科医を長くやっていて、「えっ、この人が泣くのか」と驚いたことがある。Aさんは60歳前後の女性。強情で拒否的で、愛想が悪く、何か声をかけるたびに私は怒鳴られた。しばしば服薬を拒否し、しばしば通院を拒否し、そのたびに統合失調症が再発して入院した。ある時同僚のN医師が亡くなり、Dルームに患者さん用の祭壇を作り、花で飾った。Aさんは祭壇の前に来るなり大声で泣き出して「先生、先生」と呼びかけた。聞いていた私は、今まで見せなかった、そして拒否的な態度とは裏腹なAさんの本当の優しさ・つらさを感じた。思い返してみると、彼女はふだんから他人にぺこぺこせず、ある意味で世間体なんて糞食らえという態度だった。だから他人の目を気にせず泣けたのかもしれない。

２０１６年４月に沖縄で20歳の女性のレイプ殺人事件があった。6月19日、県民大会が開かれ、私も参加して６万５０００人が集まった。そして私は驚いた。

集まった人たちは、みんなうつむいて悲しんでいた。「沖縄の人はみんなで悲しんで泣くことができる」。

沖縄には、悲しいことをみんなで悲しむ文化がある。日本の文化と沖縄の文化とは違うと思った。日本では、特攻隊に見られるように死を美化する。そして赤ん坊のころから、泣かないように泣かないようにあやされて育ち、悲しくても自分の指をしゃぶってでも泣かずにいれば「聞き分けのいい子」と大人は喜んだ。しかし沖縄では、決して死を美化せず、「命《ぬち》どぅ宝」、つまり「生きていることこそが宝だ、死んだら駄目だ」という社会だ。この違いよ。

他人の前で泣くことのできる沖縄の文化。それはAさんのように自分の感情に素直に向き合うことが、沖縄ではできるのだろう。

目の前で誰かが転んで膝を擦りむいた時、日本では「わあ、かわいそう」と言う。沖縄では「ちむぐりさ」つまり「あなたが膝を擦りむいて（私の）心が苦しいさあ」と言う。「ちむぐりさ」においては、目の前の人が痛みや苦しみに直面した時、私の心も苦しいのだ。このように「痛みや悲しみを共有する」〝ちむぐりさの文化〟こそが大切なのだと思った。とりわけ被災地において。

「また戦争が来る」という確信…フラッシュフォワード

10歳のころに沖縄戦を体験した大城勲さんは、両親を亡くし、戦争孤児となって苦労した。彼が診察室で語ってくれた。20歳代のころベトナム戦争が始まった。そして沖縄戦の場面がフラッシュバックしてきた。沖縄戦から10年足らずに発生したベトナム戦争に、彼だけでなく沖縄の人たちの多くは「また戦争になる」と恐れおののいた。その恐れ方はつい最近まで激戦を体験した沖縄の人々ならではのものであった。恐怖感のリアルさが違う。おそらく日本「本土」の人たちの多くにとってはベトナム戦争は他人事だっただろう。

沖縄にある、東洋一といわれる嘉手納飛行場からベトナムに向けて巨大なB52爆撃機が飛んだ。その爆撃にさらされたベトナムの人たちは、沖縄を「悪魔の島」と呼んだ。沖縄の人たちは、「戦争被害者としての傷」も癒えないうちに「加害者としての自分」に苦しんだ。これは内地の人間には想像できない。

一方、彼は「絶対結婚しない」と誓った。この先戦争が再来し、もし自分が結婚して子どもができれば、自分と同じ孤児になってつらい思いをするからと。（『置き去りにされた子どもたち～沖縄 戦争孤児の戦後』NHK ETV特集、2023年6月24日放送）

「必ず戦争が来る」という未来の不安・確信が大城さんの心に侵入してくるのは、「未来が現在に侵入する」ことであり、「フラッシュフォワード」（flash-forward）と言う。

今も沖縄では、住宅地や学校の上を我が物顔に米軍機が飛んでいて、騒音のために授業ができない。新聞には毎日米兵の交通事故などのニュースが絶えない。こうして沖縄の毎日はあの戦争と地続きなので、フラッシュバックだけでなくフラッシュフォワードを体験する人も多いであろう。とりわけ、このところ台湾海峡危機がさけばれ、先島にミサイルが配備されようとしており、沖縄県民の戦争への不安や恐怖はとても強い。

ハイサイおじさんと東日本大震災

「ハイサイおじさん」というアップテンポの曲は一見するといかにも沖縄らしい歌だ。しかしこの歌は喜納昌吉が実話をもとに作った（喜納昌吉、ダグラス・ラミス『反戦平和の手帖』）。ハイサイおじさんは喜納さんの家にもしばしば「酒をくれ」とせびりに来たらしい。ある時おじさんが酩酊して帰宅すると娘の姿が見えないので妻に聞いた。「そこに寝てるよ」と言われて地べたのムシロをめくると、娘は殺されて遺骸となっていた。「自分の娘だから何をしてもいいさ」という妻は戦争精神病だったようだ。北村毅によると、戦争から15年前後の1957〜60年ごろは精神病多発時代だった（北村毅『死者たちの戦後史　沖縄戦をめぐつ人びとの記憶』）。

他方で私は沖縄の病院に勤務した時、長期入院している統合失調症患者の病状が青森に比べて「軽い」ことに気付いた（「精神科臨床サービス」10巻4号、2010）。その原因として、①沖縄の長期入院統合失調症患者の中には「発病年齢が青森の場合よりも遅い」、②または「戦争トラウマによって、本来発病しないで済んだものが発病した」のではないかと想像している。そして①②のいずれも沖縄戦によって発症した統合失調症患者の多さを示唆しているのではないかと。

沖縄戦体験高齢者の400人調査（2012年）において、PTSDハイリスク群の7割は、当時14歳以上の者だった（沖縄戦トラウマ研究会「終戦から67年目にみる沖縄戦体験者の精神保健」）。14歳以上といえば、戦争という悪意や人が亡くなることの悲しみを十分に感じ取れる年齢にあり、そこから統合失調症が多発してもおかしくない。そのことを英国のマレーは、「児童期と青年期の心理的ストレスが統合失調症の発病に影響する」としており、沖縄戦による統合失調症増大の根拠として有力と考えられる。（Murray, Essential Psychiatry, Cambridge University Press）。

このように戦後15年前後に沖縄では戦争による精神病が多発した。同時に戦後18年経過した1963年には、強盗や強姦その他の凶悪な少年非行が爆発的に増え、戦後最悪の少年非行の年と呼ばれた。片方で戦争精神病が多発し、他方で少年非行が爆発し、この二つはともに戦争ストレスによる車の両輪だと私は思う。そう考えると、岩手や宮城、福島の被災地で東日本大震災から15～20年たって2026～2031年ごろに震災後精神病や、非行やうつ病その他の社会的問題行動が多発する可能性がないとは言えない。

夢は国境を越えて

まだ沖縄にいた時のことだが、県内のリゾートホテルに「県民割」で安く泊まれる制度があり、沖縄中部のリゾートホテルに泊まりに行った。戦争中にはこのホテルの前の道路に死体がごろごろ置き去りにされ、人々はそこを北に向けて逃げた。しかし今は誰もそんなことを知らない。妻と一緒にそのホテルに着いた。すると見覚えのある男性（Aさん）が、玄関前でボーイの制服を着て車の整理をしていた。彼は、パニック障害で私の外来に通っておられた人だ。まるでAさんは植民地のホテルで働く現地人ボーイに見えた。実際沖縄にある大きなホテルの経営は外資系か日本の資本が多く、客がたくさん来ても利益は沖縄には落ちない。経済的にも沖縄は植民地だ。

私の寿命は長くはないが、沖縄の人たちが誇り高い琉球王国の子孫として生きられるように少しでもお手伝いしたい。コロナ禍が収束したら、沖縄や福島のことを世界のトラウマ学会に報告したい、あるいは沖縄で東アジア・トラウマシンポジウムを開きたいと考えている。拙著『沖縄戦と心の傷』は韓国で翻訳出版されることとなった。

■友人からのひと言■

蟻塚センセと僕

漫画家　安彦良和

蟻塚君（そう呼ばせていただく）と僕はかつて仲間であり、それから「敵」になり、今「友達」になっている。「敵」と「友達」のあいだにはながい時間があって、その間僕と蟻塚君は全然ちがうことをしていた。

僕はアニメ屋、次いで漫画家を業《なりわい》にして夢を食んで生きてきて、蟻塚君は精神科医として膨大な数の患者さんと向き合い、治療し、苦しみを共にしてきた。

「人並み以上には」頑張って生きてきたとひそかに自認する僕は、しかし一方で「虚業家」だったという負い目も感じているから、「人」を相手にし続けてきた蟻塚君には「負けた」と思っている。

僕は「歴史モノ」を多く描いてきて、その対象の中に「人」を見ようと心がけてきたが、「人」そのものとの対面からは逃げてきていた。そうすることで元来強度の人見知りの自分を防御してきた。だから蟻塚君の生き方は驚異的だ。凄いと思う。幾度ものがんやうつ病を乗り越えてきたことも含め、僕にはとても真似ができない。

その彼の、彼らしい言葉が本の巻末近くにある。

「実はこの世は生きるだけでつらいのだ。だから生きているだけで人は偉いのだ」

まいった。蟻塚君、キミは「偉いっ！」。

アンタもエラいよ．蟻塚センセ…

Ⅳ 東北の貧しさ……稲作と移民

東北の歴史と稲作による逆転

後期縄文時代には、東日本の人口が25万1000人に対して西日本は9500人にすぎなかったという（「関口宏の一番新しい古代史」2022年4月9日放送、BS-TBS）。すでに植物の栽培や漁労、古代稲作もあり、当時としては豊饒な富の中に縄文人たちは生きていた。そのような東日本の文化が西日本の文化に逆転されたのは大陸からの稲作の導入によるものであった。この東西の生産力の逆転や半島からの技術の導入によって東日本と西日本の立場が変わった。

一部の縄文稲作（赤米などの古代米栽培）を除けば、そもそも津軽（青森県日本海側）や南部（同県太平洋側）は、稲作の当時の北限であった（山下文男『昭和東北大凶作』）。だから稲作の導入による西日本の人口や産業の増大にはかなわなかった。「なぜ東北で原発事故が起きたか」の遠因はここからスタートする。

古代からの東北差別と甲子園優勝の意味

古代の蝦夷の人々とは、新潟市と宮城県亘理《わたり》町（阿武隈川河口）を結ぶ線よりも北に住む「ヤマトに支配されない人々」のことだった。そこには独自の言葉や文化があった。ヤマト政権からみると、「国の外で野蛮で未開な夷族」であり「化外《けがい》の民」であった。東北に対する、かような差別的な見方は後年の戊辰戦争で、薩長軍が「白河以北、一山百文」と侮辱したことにつながり、さらに「どうして東北が貧しいか」「どうして福島で原発事故か起きたか」につながる。ヤマト政権つまり天皇中心国家は、「自分たちが最高」だと信じていて、東北の「まつろわぬ民」を野蛮と呼んだ。２０２２年夏、仙台育英高校が甲子園で優勝し、深紅の旗を「白河の関」以北に持って来たことは、７世紀ごろ以来続いている東北差別に一矢を報いたということである。

飢饉多発地帯としての東北

稲作の当時の北限とされた津軽や南部のみならず、東北一帯が冷害、雪害、霜害の多さなどもあり、関東・西国地方に比べて生産力が著しく遅れていた。中嶋陽一郎は『日本における飢饉の多発地帯』と呼んだ（『飢饉日本史』）。南部・盛岡藩に例をとると、江戸時代に大小合わせて94回、すなわち3～4年に一度の割合で凶作に襲われ、食べ物がまったくなくなる飢饉に16年に1回の割合で襲われた。大飢饉は1年だけで終わらずに、数年連続で不作や凶作に見舞われた結果として起こっている（山下文男『昭和東北大凶作』）。

明治150年の東北を襲った冷害、飢饉、原発（立谷秀清相馬市長のエッセー）

室町期から江戸期の間、相馬藩にとっては少なくとも二度の存続の危機があった。ひとつは戦国末期の伊達政宗の来襲、もうひとつは1783年から3年続いた 天明の大飢饉である。（中略）天明 の飢饉では1万8000人の領民が餓死し、人口が3万人に減少するほどの天災だったため、加賀藩一向宗の移民を奨励し国力の回復をはかり、さらに報徳仕法 を導入し生産復興を成し遂げた。（中略）

今（原発事故によって）、旧相馬藩領内は天明以来の危機を迎えている。餓死者の数こそ少ないが、放射能汚染により居住禁止を仕置され、避難を余議なくされている住民の数は10万人とも言われ、その多くが帰還を望むものの現実は厳しい。また半減期が30年とされる放射性物質の除去は方法論さえ妙案がない。しかし住民のそれぞれが希望を失っては、この地方の再生は望むべくもないのだ。（2012年）

天明の飢饉は過酷であった

『津軽ケガジ物語』（葛西松四郎）より天明の飢饉の様子を紹介する。「ケガジ」とは飢渇《きかつ》を津軽弁で読んだもので飢餓のことである。

天明2年（1782）は（数年前から続いた）不作の後を受け、春から天候不順で夏中雨降り続き、冷気甚だしく（夏でも）折々綿入れを着るほどであった。6月17日18日と30日に豪雨、洪水、あられなどが降り、7月18日19日にはまたも大暴風雨となって各地に洪水が起こった。8月中にもあられが降った。……この年の夏に藩庁は、米を江戸及び大阪へ20万俵ずつ廻送し、加賀にも3万俵売ったので領内のコメは全く払底し、飢民が四方に流浪して食を求めた。……餓死者が路傍に放置されているので、犬が死体を食い荒らした。餓死するものは1日1000人を超えたという。

しかし不作の時に、藩庁がコメの市場価値を優先して飯米を江戸や大阪に移出したのは飢饉の人災的側面である。

関所を抜ける人々

この頃飢餓に悩み食に窮して家族同伴し伊勢神宮（参拝）を装い、国境碇ヶ関《いかりがせき》を超えて秋田領に入る者が多かった。（略）秋田口へ立ち越し候もの一万人に近しという（略）八月中旬から十一月末まで他国に出たもの一万人余、初めは三つの関所で止めていたが、毎日数百人ともなれば、防止することも難しくなり、後にはお構いなしとなり……この頃、人心ますます荒み、強盗、追剥《おいはぎ》、放火など盛んに行われていた。（『津軽ケガジ物語』）

このように津軽では飢饉のために、強盗が跋扈《ばっこ》し、人肉を食べ、国境を抜けて隣国の秋田に食を求める人々が後を絶たず、もはや社会秩序崩壊の体をなした。しかし秋田藩の領内に入れば津軽のような飢饉はなく、社会秩序は保たれていた。飢饉は人災でもあった。

それは津軽藩だけのことではない。相馬藩においても似たような地獄絵図が展開されていた。佐藤昌明氏の『飯舘を掘る　天明の飢饉と福島原発』からの孫引きを許していただくと、

男女の顔色は青ざめ、疲れ衰え、髪乱れ衣服破れ、さながら餓鬼道の地獄絵を見るようだ。飢える者が増え、日々餓死するものが6―7人いた。はじめは親族が来て遺体を持ち帰ったが、みんな弱っていて、それさえもしなくなった。次第に死人が増え続けるので、病人小屋を作って中に入れ介抱した。それでも1日7―8人の死体が病人小屋に入れおかれるので、おいおい箱（棺）に入れて馬場野村に運んで大きな穴を掘り、一カ所にまとめて入れた。

飢饉は天災と人災の複合災害だった

中島陽一郎は、天保の飢饉は典型的な人災・天災の「複合飢饉」であったとして、次のように述べる。「おおよそ天保の飢饉の主要な諸原因は、イナゴの害と長雨、日照り、地震及び幕末危機を背景とする食料政策の貧困が拍車をかけた複合飢饉であり、これらの諸原因の相乗作用は、ついに全国的な大飢饉となって庶民を飢餓に陥れた」（『昭和東北大凶作』）。

江戸時代に至り、商業的な流通制度が確立し、米は領内で消費するモノでなく金に換える主力商品となっていた。そのため津軽藩などでは、凶作がはっきりした天明3年（1783年）の夏

にも、なお上方に向けて米を積み出して藩内の備蓄米がなくなってしまった、山下はこれを「幕藩体制下での飢餓移出」と呼ぶ。今風に言うと、サムライが百姓から取り上げた年貢米を大阪の市場で金に換えるという博打のような政治をやっていたのかもしれない。

飢饉を防いだ藩もあった

しかし例外もある。相馬中村藩で天明3年に農民の9%が餓死・病死し、4%が逃散《ちょうさん》したのと同じ年に、松平定信が藩主であった白河藩では一人の餓死者も出さなかった。そののちに松平定信は老中になるとそれ以前の田沼意次の市場主義政策を批判し、市場主義によらない統制経済的飢饉対策を打ち出した（田家康『気候で読む日本史』282―283頁）。また奥羽米沢藩では、上杉鷹山藩主の下で、普段から蓄えてきた備蓄米と、この時とばかりの大胆な借金政策によって買い入れたコメを、飢えに苦しむ領民に対して安い価格で払い下げ、商人や大地主を促して施し米を行い、一人の餓死者も離村者も出さなかった（『昭和東北大凶作』）。

飢饉と原発事故の相似性

そしてたびたび引用してきた『ケガジ物語』の著者である葛西松四郎の次の言葉の中に、私は後年の原発事故の原型を見る気がしてならない。原発事故もケガジも人災としての側面を免れえないと思うからである。

重い運命を背に、牛馬のようにただ働いてきた百姓たちを、飢饉に追い詰めた。これは天災ばかりによるのではなく、社会構造から百姓たちに困苦の大半が集中せられて、人間が死人の肉を切り取って食うまでになったのである。

生産力の低い東北地方で金銭本位の商業主義が席巻するならば、東北各地はひとたまりもあるまい。大熊・双葉という原発立地地帯はたまたま東北地方の貧困の象徴でしかない。金銭本意の東京電力がこれという農業産品もない地域に原発を建設することはたやすいことだった。葛西は古老の言葉を引いて、先人の戒めや繰り返される凶作などの経験を忘れることなく、飢饉・凶作に対する備えを怠るなと警告する。これは現代に生きる私たちにも、大切なことを問いかけている。

いつかは襲いくるであろう凶作に備え、余裕の米は残らず手放すことを控えて、二百十日過ぎても一定量が残るよう貯え置き、漬物は幾つも用意し、味噌もまた年中欠くことのできないものであるのみならず、これさえもあれば飢餓に遭っても凌ぎよいので自製するはもちろん、大根葉は干して大切にし、冬期間お汁の実とするなどは、大体農家の守るべきことであり、実行もしてきたが、世の中が開けるにつれ、この風習もすたれてしまった。それは金さえあれば何とかなったからであ

る。（同書）

戊辰戦争以来の東北差別と原発事故

福島県民にとって難民としての体験は今回が初めてではない。およそ150年前、戊辰戦争に負けた会津藩士とその家族1万7000人余が下北半島に追いやられた（河北新報社編集局『奥羽の義』）。

一方、明治初期に東北振興論を述べた渋沢栄一は、「維新の際に賊軍となったため（福島県民が）非情な不利益を被った」として「国有林、地価の設定などにおける不利な扱い」をあげている。（大門正克ら他、『「生存」の東北史』）

また内田樹は、「戊辰戦争以降の150年の、日本の中央政府による東北差別の歴史があって、福島の原発もその中にある」、「戊辰戦争で幕府側についたか、官軍についたかは、そのあとの公共投資にずいぶん大きな差別をもたらした。原発があるところは、要するに地場産業が育っていない。雇用がない。産業がないから原発誘致する以外にないところまで追い詰められた」と言う（内田樹・高橋源一郎『どんどん沈む日本をそれでも愛せますか？』）。

確かに、錦の御旗を翻したものの、明治政府は薩長出身政治家に独占された政府であった。そのような政府の東北各県への報復的な措置は、国有林比率の高さに表れている。福島県の国有林比率は、地租改正が終了した明治13年に官有林約80万町歩（82・5％）であった（大石嘉一郎『福島県の百年』）。また大正12年には、全国では国有林3に対して民有林が7の比率であったが、青森県の国有林比率は62％であった（虎尾俊哉編『明治大正昭和の郷土史2・青森』）。このように福島県のみならず東北各県の国有林比率は高く設定され、そのために農地が少なくなって農家収入が少なくなり、東北の貧困は加速された。

東北と朝鮮農民

1918年の米騒動は、冷害と米の価格上昇を契機として発生し、投機的な要因も絡んで政治的社会的大問題となった。そこで日本政府は米の安定供給のために植民地だった朝鮮において「産米増殖計画」を実行した。しかし米の増産のためには土地改良その他の経費が掛かるが、それは植民地朝鮮の小規模農民が負担できるものではなく、多くの農民が土地を手放して「日本人に米を食わすための難民」となった。こうして多くの「難民」が朝鮮から日本に流れ込んで安価な労働力となった（姜信子・山内明美『忘却の野に春を思う』、山内明美『子ども東北学』）。1910年代から30年代にかけて、日本人1人あたりの米消費量は恒常的に年1・1石内外であるが、朝鮮人1人あたりの米消費量は1912年0・77石から1932年0・40石へと激減した。このことによって朝鮮農民の食料が不足し、経済が破綻した。彼らは「食うために」日本に出稼ぎした。

冷害と貧困にあえぐ東北地方が、朝鮮半島の人々の「コメ難民」としての悲惨と連鎖していたことは忘れてはなるまい。

1930年前後の東北の貧困と娘の身売り

1910年代は日本全体では産業革命の時代であり近代工場が勃興した。しかしそれは大都市の話で、東北は日本の産業革命からはおいていかれた。むしろ明治三陸大津波（1896年）やその後に続いた冷害に見舞われた東北は、工業化するのでなく、大都会に米と労働力を提供する側に役割が定着してしまった。東北自体の産業勃興はならず、米その他の一次産品を移出し、肥料や軽工業品を関東から輸入するという植民地的な経済構造が固定した。この時期に東北で生まれた人口の1割が北海道や東京に流出したという（『「生存」の東北史』）。

岡田内閣の東北振興策

産業革命から置いていかれた東北は労働力を含む資源を提供し、肥料や軽工業品を輸入するという〈植民地〉的な経済構造が定着した。東北は、ゼロからスタートした日本の資本主義形成に必要な「根源的蓄積」の提供基地だった。

そして日本の農村が世界恐慌の波に飲み込まれた1930年代に、東北はまたも深刻な災害に襲われる。度重なる冷害と昭和三陸大津波である。乳児死亡率は高くなり娘たちは身売りされ、栗・楢《ナラ》・橡《トチ》の実を食べて飢えをしのいだ。こうした災害に対して中央政府の作り上げた東北振興策は、惨事便乗型の「振興策」であった。つまり「遅れた東北を高める」ことでなく、東北の資源を中央の発展のために移出した。

『河北新報』の連載記事「阿武隈川物語」は「農民救済　置き去りに」と大書して福島現地からこの間の経緯を教えている（2019年2月16日）。

娘が身売りされるなど34年の凶作は深刻で、時を同じくして38年に建設された東北電力蓬莱発電所は東北最大の発電量を誇り、東北の産業振興のための安価な電力供給を当初は目指した。しかし37年の日中戦争勃発で戦争のために一元化された日本発送電に吸収された。蓬莱発電所と同時に設立された東北興業は農民に提供する肥料製造に取り組んだが、これも大砲生産や軍需物資生産等に傾斜・変質していった。

阿武隈川一帯は養蚕の一大生産地であったが、世界恐慌によって農民たちはハワイなどに移民し、また阿武隈川沿いの耕野村は旧満州に耕野村の分村を建設して満蒙開拓に人を送り込んだ。当時の満蒙開拓青少年義勇隊の一員だったSさんは、敗戦で旧ソ連に抑留された。「土地が広い旧満州なら食べ物の心配はないだろうと親は喜んで送りだした。農家の二男三男にとって軍人が一番よい飯の種だった」と語る。

東電福島原発事故に先立つ71年前に、すでに東北で作った電力は東北を豊かにするのではなく東京に送られ、飢えに苦しむ福島の農民たちはハワイや満州に移民した。

兵士の供給による農村の疲弊

戦前の東北は、兵士や「大陸の開拓戦士」の供給地としても期待された（『「生存」の東北史』）。

これに対して青森市出身の工藤鉄男議員（1875―1953）は満州移民に異を唱えた。工藤は、国有林の比率が高すぎることに東北の貧しさの一因があり、これを開放して農地とするならば零細農家の二三男対策は解決する。国有林野の開放によって未開墾地を耕すには、東北の子弟を満州に送るどころではないと主張した（『「生存」の東北史』）。

工藤が言うように、東北の国有林を解放して農民がもっと豊かになっていたなら、二・二六事件などのテロも起きず、戦争は防げたかもしれない。東日本大震災について多くの著作を世に出している畏友・寺島英弥氏が『二・二六事件　引き裂かれた刻を越えて』を上梓された。この本は二・二六事件で処刑された津軽出身の対馬勝雄と妹たまの物語である。妹たまさんは言う。

この事件を追究してゆくと、農民に行きつくのです。お金持ちの子は兵役を逃れていました。戦地に行った兵は農家の子供たちが多く、それも一軒から二人も三人も出征しているのです。すると農家はどうなりますか。（略）農家なのにお米が食べられない、（略）農家の窮状は目を覆うばかりでした。

世界恐慌と、度重なる冷害と昭和三陸大津波に襲われた1930年代に、東北では米も粟《アワ》も稗《ヒエ》も食べられず、男たちは北海道や千島の漁場に仕事を求め、あるいは「軍隊に行けば飯が食える」と兵役に就いた。中には出征兵士の父が「お前は必ず死んで帰れ。俺はお前の死んだ後の国からおりる金が欲しいのだ」と息子に手紙するものさえあった。（『二・二六事件　引き裂かれた刻を越えて』）

そんな中で「食うために」男たちを軍隊に送りこんだ農村では農業の働き手がいなくなり、さらに窮乏化が進んだ。貧しい若者が軍隊に入るのは庶民の常識だった。

福島県は海外移民では東日本でトップ

現在でも都道府県別の移民を見ると、福島県は全国で7番目、東日本では一番多い。満蒙開拓団に参加した人の数では、1位は長野県で、後は山形、岩手、宮城、福島と東北からたくさんの農民が満州の土地に渡った。彼らに共通する思いは、「満州という広大な土地に行けばたらふく食える」であり、のっぴきならない貧困が彼らの背中を押した。

一方、ブラジルへの移民は近代日本の貧困を解決するための国策として推進された。福島県浪江町は東電福島第一原発から北に8㎞。ここはかつて全国一のブラジル移民の町だった。「移民と原発と貧困」はまるで兄弟である。（三上英明編著『もう一つの相馬移民』）

食っていく手段としての兵役

「食うために」男たちを軍隊に送りこんだ農村では働き手がいなくなり、田畑を耕す労働力が不在となってさらに窮乏化が進んだ。

話は現代にかわるが、私が浪人時代にあてもなく歩いていたら「自衛官募集」のポスターが目に入った。私は「これで来年大学に落ちたら食っていける」と喜んだ。国防がどうのという発想など全くなくて、当時の私は、自衛隊を食うための手段の一つと考えていた。「貧しい若者は軍隊に入れば食っていける」という社会の構造は今も昔も変わらない。

沖縄には今も屈強の若者からなる1万5000人の米国海兵隊員がいる。彼らの多くは職業教育も十分でなく「海兵隊に行くか」または「red《レッド》 neck《ネック》 になるか?」と択一を迫られた若者たちである。red neck は、建設労働者のように、灼熱の太陽の下で働く非熟練労働者のことを意味する。日焼けして首が赤くなるからだ。そして炎天下に首を赤くして働くか、または海兵隊に入って人殺しの訓練に明け暮れるか、どちらかを選択するのが米国の貧困な若者たちの生きる道だ。

沖縄の新聞では、毎日、あるいは2、3日に1回は、そんな若い兵士たちによる事件・事故が起きる。沖縄住民は米国の若者のケアもさせられている。

満蒙開拓団と戦後開拓

敗戦の直前、大本営は満蒙開拓団に対して、「帰国しても食糧難であるから、君たちは帰国しないで現地に定着すること」という通達を出した。この結果、27万人に上る同開拓団のうち7万人が、集団自決やソ連の攻撃、あるいは現地住民の恨みを買って殺されるなどした。だから引揚げ者は決して自発的に帰ってきたのではない。日本政府からも軍からも捨てられ、旧ソ連軍の侵攻から命からがら難民となって逃げてきたのだ（坂本龍彦『集団自決　棄てられた満州開拓民』）。

ここで道場親信の「新しい難民　戦後開拓と農民闘争──社会運動の中の「難民」体験」（『現代思想』２００2年11月号）を再度引用する。

太平洋戦争が終結した時、「日本」の外部には７００万人の「日本人」がいた。ここでカッコつきで表した「日本」とは、日本列島とその近海の島に地域を限定し、朝鮮や台湾、あるいは沖縄や「北方領土」は含まない。それまで日本人とされてきた沖縄人・朝鮮人・台湾人は国籍を剥奪された。「本土防衛の捨て石」として地上戦を体験した沖縄は、かくもたやすく「日本人」から排除され戦後復興の対象から外された。

満蒙開拓団の人々は日本・満州・蒙古・朝鮮・漢人が分け隔てなく満州国を建設するのだという五族協和の理念によって建設に着手したが、実際には日本人による支配が貫かれていた。

仙台で食堂を営むRさんは、中国残留日本人帰国2世であるが、彼から「祖母から聞いた満州国」の話を聞いたことがある。ある時何かのお祝いで、白いご飯を食べようとなり、すっかり食卓の準備ができた。その時だ。トントンとドアを叩いて流ちょうな日本語で誰かが来た。恐怖で固まりながら、家族みんなで白米をゴミ箱に捨てた。当時満州の現地中国人に白米食は禁止されていた。酔っぱらって、吐いて、吐しゃ物の中に米が見つかると逮捕される時代だった。Rさんの母親は青森県出身で中国人に預けられたが、とても大切に育てられた。しかし日本人は現地中国人を差別したので、敗戦後に仕返しされた人も多くいた。

外地からの引揚者対象として、国は「100万人の戦後開拓」という「机上の計画」を作った。しかし、農業専門で生きてきた人が農業不適だと見捨てた荒野に、旧軍人や役人、空襲被害者など農業をやったことのない素人が入植し成功するほど農業は甘くない。

道場はこの戦後開拓について、「一時的に農村に人口を預け、必要に応じてそれを取り崩して戦後の工業化に使用していく、という意味での人口の「一時プール」としての役割を歴史的にもつことになった」「そのような形で中途採用的に他産業へ流出していった労働力人口は、周辺労働力として「安全弁」の役割を担わされる」と指摘する（道場、前掲）。

日本という国は、敗戦直後に沖縄人から国籍を取り上げ、満蒙開拓団には「日本に帰ってくるな」と言った。国内的には「中核的な労働力の周囲に、首切り可能な難民労働力」を常に配備してきた。これらの「難民労働力」が炭鉱や原発の作業員となった。

戦場トラウマによるアルコール依存症の播種性流行の可能性

寺島英弥『二・二六事件　引き裂かれた刻を越えて』の主人公・津島勝雄の父は日露戦争で優秀なスナイパーであったが、晩年はアルコール依存の問題に家族が悩まされた。私はアルコール治療病棟やアルコール症の患者のデイケアを行うなどしてアルコール依存症の人たちと接してきた。その経験からも、軍隊組織が東北の田舎にアルコール依存症をばらまいたのではないかと想像している。フェイスブックの友人たちに質問したところ、兵役体験者でアルコール依存家族の例が多く寄せられた。

「私の父もそうでした。通信兵だったとかで、従弟が兵舎を訪ねると塀を超えて飲みにいったとか。中国で捕虜になり、共産主義思想を叩きこまれたのか、帰国してからは鉱山で労働組合を作り、私の生まれた1951年にマッカーサーのレッドパージ（赤狩り）で鉱山を追放され、それから始めた魚屋も酒で失敗し、後はお定まりの出稼ぎ労働者となって仕送りもせず、家族は困窮しました。私は小学生の頃から実家に米をもらいに汽車で行ってました。そのアル中の父は出稼ぎ先で脳溢血で急死。45歳でした。一家離散の憂き目にあうところを、見かねた役場が生活保護にしてくれてそれで何とか食えるようになりました。が、ずっと、世間の顔色を気にして生きることを母から強いられました。本当は行けないはずの高校も何とか行けて、当時、世界で学生運動が起き、それと寺山修司の「書を捨てよ、街に出よ」のタイトルに惹かれ、故郷を捨て横浜に行き、昼は港で働き夜は神奈川大学に通う暮らしになりました。ずっと、アル中の父は皆から親戚からも悪く言われてましたが、戦争の中で酒におぼれたこと、でも、帰国してからは労働運動をやっていたことが私にとっては救いでした。そういった人は多かったと思います」

「祖父だ。丹波篠山出身、大阪で仕事して結婚、子どももうけて、軍隊から、大阪に帰ってきて、多分治療しないままのアルコール依存症。死ぬまでろくに働かず、私が1歳半の時に亡くなりました」

「わたしの祖父もです。農家の長男でもともと酒には強かったようですが、明治末期生まれで満州で上等兵。満鉄を爆破した隊です。加害者の中の加害者ですね。終戦後帰還しました。とにかく毎日飲んでいたようです。暴力などはなかったようですが軍隊仕込みで娘たちにも厳しかった。現地での話は私が小学6年の時、夏休みの宿題で体験を尋ねると非常に詳細な時刻や情景と共に語りました。秒単位で任務を記憶し訥々《とつとつ》と語る様子は、後にトラウマならではだと感じました。加害トラウマですね。アルコールに関しては間違いなく依存的だったと思います」

「亡父は酒もタバコもやらなかったのに、シベリアの強制労働の時に（特に1948年頃のシベリアの村で）ホールを建設したりしてウォッカを知ってからアル中&ニコチン中毒になった、と亡父は証言しておりました！　1945年8月9日のソ連参戦の時にアムール川の支流であるウスリー川の岸辺に築城された要塞は川向こうにあったソ連軍要塞から突然砲撃を受けて直ちに反撃したそうですが、東寧要塞の重砲部隊は分厚いペトンで覆われた要塞だったので玉音放送も知らずに撃ち続けたそうですが、さすがに砲身が爛《ただ》れてしまい、撃てなくなった時に砲口から逆向きに砲弾を入れて砲を自爆し、夜陰に乗じてソ連軍包囲網を突破して森林地帯に逃げた。ソ連軍のT34戦車が来ると想定される谷間にタコつぼを掘ってその来襲を待っている時に「今までどこに隠していたのか！」と思うほどの日本酒の1升瓶と羊羹を配られて、下戸の亡父も「これがオレへの供物か！」と思い、飲めないのにグビグビとあおったそうですが、まったく酔わなかったそうです」

以上は戦争から帰還してアルコール依存となった家族について寄せられた声。

ところで私がアルコール依存症治療に関与したころ、当時の治療と言えば、抗酒剤と少量の安定剤、断酒会とグループ治療、くらいしかなかった。当時の自分でも「これでは治療としてはザルだ」と感じていた。今日のＴＩＣ（トラウマ・インフォームド・ケア）のように、過去のトラウマによって、不眠や体の痛み、抑うつ、対人回避、否定的認知が生まれることは知られていなかった。日本でトラウマによる病状と治療が知られたのは1995年の阪神淡路大震災以後のこと。アルコール依存症治療に携わっていた時、もっと患者さんの人生上のトラウマについて聞いておくべきだった。

しかしベルリンで開かれた欧州ストレストラウマ学会（2013年）では、ナチズムによるトラウマの二世代・三世代にまたがる「世代を超えた影響」（世代間伝達）についての発表が多く見られたので、これからでも目前のアルコール依存症の背後に戦争の影を見つけることは可能だろう。

東北人は負けたのか…半谷清壽

福島県富岡町の桜の名所、夜の森公園の桜を植えたのは、南相馬市小高区出身の半谷清壽（1858―1932）である。相馬中村藩では、天明の飢饉以来の地域回復政策として、二宮尊徳の「報徳仕法」を採用していた。

これに対し半谷は、その政策が「超勤倹貯蓄型純農一本農政であり、産業近代化の道を閉ざしていると批判し、養蚕と絹織物産業の育成、水力発電所や珪砂を生産する小高銀砂工場、あるいは銀行の設立に関与し福島県浜通りに豊かな産業を興すことを目指した（柴田哲雄『フクシマ・抵抗者たちの近代史』）。

そのためには、徹底した地方分権が必要だ。中央集権制によって、かえって「地方は中央の勢力に其の栄養分を吸収され、地方の農業も工業も都会の発達に妨げられて枯死する」と。

私も半谷に同調する。東北人は負けてはいられない。明治以来150年というもの植民地的役割に甘んじてきた東北は、いかに「脱一極集中」を目指して「地域循環型経済社会」を作るか。デンマークの首都コペンハーゲンには東京のような本社機能の集中はない。半谷の「地方の電力は地方の繁栄のために」を実現するには「地方循環型社会」を作ることだ（岡田知宏『地域づくりの経済学入門』）。私なら、東北から北極経由（その方が東京からより時間短縮）で欧州と往復できる航空路線をつくり、東北に国際大学を作りたい。東北の物産をじかにヨーロッパで販売し、ヨーロッパの物産を東北各地で販売する。これは妄想だ。しかし妄想を馬鹿にしてはいけない。ずっと考え続けていると「もうじきそうなる」から、「もうそう」と言う。

底辺労働力のプール

石炭産業の廃止によって炭鉱労働者から原発労働者になった人もいる。『明日なき原発』（柴野徹夫）や『闇に消される原発被爆者』（樋口健二）には炭鉱労働者から原発作業員となり被曝労働に従事する人たちへのインタビューが記されている。

柴野の言葉を引用する。国策に翻弄された底辺労働者の叫びである。

記者はやっとの思いで原発作業員の飯場にもぐりことができたが、そこには福岡や長崎、熊本をはじめ、岩手、秋田、青森、さらに遠く北海道や沖縄から来た男もいた。その夜、座長が珍しく身の上を語りだした。

「もともと、おりはヤマ（炭鉱）の人間たい」「坑内夫、筑豊じゃ、ちいとは知られた腕っこきたい、落盤やガス事故ン時も、仲間ば助けようと、誰よりも早く坑道ば飛び込んだと」。そして吐き捨てるように言った。「石炭な、無尽蔵たい。まんでまだ掘れるヤマば投げ出しよったと。ばって、あん頃から世の中狂うたごっある。挙句の果てが石油ショックたい」（柴野徹夫『明日なき原発』）

一方、浪江町津島には戦後に満蒙開拓団の引揚者が、400人ほど入植した。彼らは、文字通り背丈みたいな草や木で覆われた原野で、草の葉で雨露しのぐ小屋で生活し、太い木を伐って根を掘り起こし、畑を開いた。この人たちは、満蒙開拓団という国策、戦後開拓という国策、原発事故という国策に翻弄されて、今は故郷喪失の憂き目にあっている。満蒙開拓団も炭鉱労働者も、原発事故で故郷を失った人も、みな国策に翻弄された底辺労働力であった。

V　トラウマからの回復

ＰＴＳＤについて

心的外傷（トラウマ）とは、命を脅かされるような出来事を体験し、目撃し、聞くことによる強烈な記憶である。その出来事は自分の力を超えた圧倒的なパワーであり、私たちに強烈な無力感を味わわせる。そのような強烈な体験は心（脳）の深いところに保存され、原体験と類似した出来事が引き金となって次のようなストレス反応を引き起こす。

（1）再体験（フラッシュバックや悪夢）、（2）回避（トラウマにつながる刺激を避ける）、（3）過覚醒（トラウマを思い起こすような情景や音、振動などに敏感となり、不眠や些細な刺激で激怒するなど）、（4）否定的な認知や気分（自分自身や他人・世界に対する過剰に否定的な観念、重要な活動への関心や参加の減退、孤立感、幸福や満足、愛情を感じることができない）。

以上のようなストレス反応が心的外傷後ストレス障害（Post-traumatic Stress Disorder：ＰＴＳＤ）である。ＰＴＳＤはうつ病のふりをして、不眠を訴えて受診したり、リストカットやアルコール依存症の背後に隠れていたりもする。この他にも解離性同一性障害、パニック障害、適応障害、うつ病、自傷行為、自殺企図、パーソナリティ障害、摂食障害などを一括して外傷性精神障害と呼ぶ（岡野憲一郎『新外傷性精神障害』）。

否定的認知

子どものころから逆境体験やトラウマ体験を繰り返していると、何事にも否定的あるいは悲観的・消極的考え方になりやすくなる。

もしもあなたが電車で通勤していて、発車時刻まで「あと5分」しか時間がなくなったとき、「あと5分しかないから走ろう」と考えるか「あと5分しかないから、どうせ走っても間にあわないよ」と早々とあきらめるか。あなたはどちらのタイプでしょうか。

後者の「早々とあきらめるタイプ」を否定的認知と呼ぶ。走らないで早々とあきらめた方が傷つかなくてすむし、「安全」だから。

ある会社員の女性がおられた。幼い頃に性的な被害を受けた。仕事にはきちんと出勤しているが、帰宅するとご飯も食べないで酒ばかり。土日はカーテンを閉めっぱなしにして酒ばかり。

しかし「世間並みに」結婚もしなければと、結婚相談所に毎月お金を払って登録する。ところが指定された「出会いの日」が近づくと不安が高まり、必ずキャンセル。そして再び来月分の登録料を支払って、またキャンセルするということを繰り返していた。

どうしてそういうことを繰り返しているのか聞くと、「幸せになるのが怖い」からだと言う。「幸せになると傷つく」ので怖いのだとも。普通は「幸せな」生活はのぞましいことと世間では考える。しかし過酷なトラウマを体験した人にとっては「幸せになることは、傷つくかもしれないので怖い」ことであり、「何もしないで不幸でいる方が楽」だから早々とあきらめるのである。
そのような否定的な認知は、同時に「自分には生きる価値がない」「自分なんていない方がいい」「何もかも自分が悪い」という感覚に自分を追い込んでいく。そして「誰もわかってくれない」と確信し、他人と親密な関係を持たず、孤独な存在に自分を追い込む。

ＰＴＳＤを県民多数の言葉に

福島では３・11当日と、その前後の混乱した日々を、まだ穏やかに語れるような雰囲気ではない。これは沖縄でもそうだった。沖縄のように住民の４人に１人が亡くなった激戦地の人々さえも、自分が体験したつらい記憶は「自分だけの、誰もわかってくれない固有の記憶」だと多くの人が思っていた。だから沖縄戦ＰＴＳＤの体験者数名に集まってもらって座談会を開いた時には、「えっ、あんたもか」「あんたもか」と、自分以外の人が自分と同じような体験を持っていることに、皆さんとても驚いた。

戦争であれ震災であれ、つらくて強烈な記憶ほど「それは自分だけの体験」だと思い込むものだ。だから原発事故の時の体験は誰にも言わず、あの世までもって行くという人もおられる。しかしつらい記憶を心の底に長くためておくと、トラウマ記憶が温存されＰＴＳＤが発症する可能性が高くなる。

私たちは沖縄でほぼ毎年1回「市民公開講座」を開き、戦争体験について語り部の人が語り、参加者は聞くという集まりを続けてきた。さらに、ＰＴＳＤについて沖縄のメディアが熱心に報道してくださり、ＰＴＳＤはすっかり沖縄県民の言葉になった。

沖縄では毎週ローカル2紙に戦争体験者が顔写真付きで掲載される。だから沖縄戦体験者にとって、あの壮絶な体験は決して自分だけの固有の体験でなく、県民全体の記憶と重なっていることがわかる。「ああ、自分だけでないんだ」と。こうして戦争体験者の思いが、メディアを通して沖縄社会で共有されるようになった。沖縄戦体験者は、沖縄社会で尊敬されるべき多数派になったのだ。

それに比べると、福島県でＰＴＳＤに苦しんでいる人はまだ少数派で、肩身を狭くしておられる。大震災の体験が県民のあいだで共有され、被災者の思いが皆に共通したものだと理解されるなら、福島で将来のＰＴＳＤ発生は減らすことが可能だ。

そこで、3人の語り部が震災の時の体験を語り、聞きたい人が聞くという集まりを開いた。それが「おらもしゃべってみっが～市民が語る3・11」（2021・10・23、2022・10・23）である。地元の人が語り、それは聞く人にとって自分の身近なところの体験であったので、よく聞いてもらえたと思う。語り手の一人は福島弁で終始語り続けたので、今まで言葉にならなかった深い感情があふれてきたとの感想が寄せられた。

予想した以上に好評だったので、今後は福島県内外で「おらもしゃべってみっが」の出前講座も計画している。

「おらもしゃべってみっが～市民が語る３・11」（当日参加呼びかけ文）

２０１１年３月11日午後２時46分に宮城県沖を震源とする、マグニチュード９の巨大地震が発生した。日本周辺では、観測史上最大の地震だった。

絶対安全だといわれた原発が爆発したとき、ある人は「逃げればいいのか、逃げれば助かるのか、それともこのまま死んでしまうのか」と思った。別の女性は、「ああ放射能を浴びちゃったな。死ぬのではないか、でもどれくらいで死ぬのかわからないし、今は大丈夫でも何年かしたら死ぬのではないか」と思った。

そしてつらく苦しい避難が始まった。避難しないという年寄りや肉親と、喧嘩して故郷を出て、ガソリンや食料が尽きそうになり、しかも着いた町では「福島ナンバーだから」と、ホテルの宿泊を何軒も断られた人もいた。避難先で離婚したり、肉親が亡くなったり、自らもうつ病になったり、「バイキン」呼ばわりされたりして、つらい体験を山ほど重ねた。

このように、震災は肉親や友人知人を失って悲哀の頂点を体験しただけでなく、個人や、夫婦や友人や親せきといった身近な集団において、あるいは近隣や職場や地域社会という大きな集団のすべてにおいて、対人関係のずれを表面化させて感情的対立となったり、児童生徒の中でイジメや不登校となって現れるなど、無数のトラウマを発生させた。

このようなトラウマ体験を抱えていると、びっくりしやすくなり、眠りが浅くなる。震災以来の10年というもの、このような緊張状態がケアされずに続いて来たので、人々は疲れ果ててきた。その結果、「意欲や気力がわかない、憂うつだ、仕事や学校に行きたくない」などということになる。

ここいらへんで、震災と、震災以後に必死で生きて闘って来た日々の事を振り返ってみよう。震災や避難先での辛い記憶は、なかなか他人と体験を分かち合うことはできない。しかし、一人一人の3・11にまつわる物語を聞くことによって、自分の記憶をふり返る機会になるかもしれない。だから「おらもしゃべってみっが～」。

方言という財産

この「おらもしゃべってみっが」の3人目の語り部だった井上美和子さんによる、方言による災害体験の語りは聞く人に強いインパクトを与えた。「あの時」の体験が方言で語られていくうちに、思いもつかなかった記憶が意識に上る。幼い時の風景さえも浮かんでくるようだ。

それは考えてみれば当たり前のことだ。子どものころに遊んだり、年寄りと会話したりして私たちの情緒は形成されるが、幼児期の記憶の多くは方言の世界で作られる。学齢期になって学んだ標準語の世界より、もっと原初的で感情豊かな記憶を方言は再生できる。

方言の持つこのような特徴を考えると、現に全国に避難している原発避難の方たちも、「福島の集い」で安心して方言を話すことで、よその土地に生活するストレスから自分を守ることができる。東日本大震災当時沖縄にいた私は、毎月1回、那覇市民会館で開かれた「おむすび市」という原発事故避難者の集まりで健康相談を担当していた。そこでは皆さんが方言で語ることができた。沖縄戦の聞き取りの中で「シマクトゥバで聞く沖縄戦」という記録がある。これは読谷村の比嘉豊光さんの試みで、インタビュアーが達者な琉球語で戦争体験を聞き取りしたものである。その様子はビデオテープに収録され、私は比嘉さんのご厚意で、そのテープを見せていただいた。標準語で尋ねる戦争記憶とは別世界の、より深い感情と結びついた生の体験が語られていた。

悲しみと向き合う「ケア」…不安は黄色信号

残念なことに、福島では、原発による放射能汚染の不安や怖れを語る人は少数派であり、放射能が不安だなどと言うと「風評加害」と言われる。

ところで人間にとって、不安というのはなくてはならないものである。不安は、より大きな危険から身を守るための黄色信号である。不安を持つことは良くないことだとしたら、「進め」を指示する緑色の交通信号の次に、「止まれ」を指示する赤信号が突然点灯するようなもの。緑信号に従って交差点に突っ込んできた車は突如急ブレーキをかけろと指示される。間に合わなくて、別の道路から進んできた車とぶつかるかも。

たとえば猛スピードで走ってきた自動車が、衝突事故を起こした場面を目撃したとしよう。すると、普通の人間なら、「猛スピードで走ってくる自動車は危ないかもしれない」という不安を持ち、仮にそのような危ない自動車が走ってきたなら道路の脇の方に身を寄せるだろう。こんな風にして不安は、危険な出来事の黄色信号として自分を守る役割を果たす。だから不安をまったく感じない人は、かえって大事故に遭う可能性がある。「放射能は安全なんだから不安を持つのは間違いだ」などと乱暴なことを言う学者がいるが、それは間違いだ。

安心して悲しむ場所がない

南相馬から中通りに避難してもう何年にもなる女性が、政府の原発再稼働方針を聞いて激しく怒った。「いったい自分たちが、狭い借家のアパートで爪に火をともすようにして生きてきたこの数年間は無駄なことだったと言うのか」。

彼女が怒るのも無理はない。原発事故は人災だから、加害者の特定と謝罪、原状回復や賠償、再発防止策の確率などのプロセスを踏まなければ解決したことにならない。それなのに加害者の特定すら行われていない。同時に被害者の心の傷のケアがなおざりにされている。県の内外に何万人も苦労して避難しながら、そのことをみんなで話したり、聞いたりして、原発爆発の時の恐怖や避難先での苦労を語り合い、あるいは悲しみを共有して、避難者・被災者の心を癒す場所がない。まるで福島で何もなかったかのようだ。

親しい人を亡くすとか、大切なものを失うことなどを「対象喪失」と言う。「対象喪失」の痛みを受容して、再び立ち上がるには「悲哀の仕事」という過程を経ることが不可欠だとフロイトは言う。つまり十分に悲しみ、あるいは悲しみを分かち合うことによって「対象喪失」の事実を受け入れることができる。その上で人は再度立ち上がり、生きることが可能になる。

ひるがえって福島の人たちは、津波や原発事故で失ったことの悲しみを十分悲しめているのだろうか。地元の新聞を見ても「がんばろう福島」という躁的なスローガンに沿った記事は見られるが、震災の体験をしみじみと語り、それを皆で分かち合って人々の心を癒そうという記事はまったくない。

福島の巨大なトラウマから人々が回復し、後年に沖縄のような高齢者の不眠やフラッシュバックなどのＰＴＳＤ発症を防ぐためには、大震災と原発事故にまつわる感情を表現し、皆でそれを共有する場面が必要ではないだろうか。

悲しむことはいけないことなのか

ところで2022年度の「世界報道自由度ランキング」で日本が71位だという。お隣の韓国（43位）よりも日本は報道の自由がない。報道の自由度ランキングとは毎年「国境なき記者団」によって調査・発表される国際ランキングである。

日本の順位が下がった理由の一つは福島第一原発事故である。例えば、福島第一原発事故に関する電力会社や「原子力ムラ」によって形成されたメディア体制の閉鎖性と、記者クラブによるフリーランス記者や外国メディアの排除の構造などが指摘されている（日本大学大学院新聞学研究科、2015年）。

国や福島県は、大震災や原発事故に立ちいって、市民（体験者）と当時のことをしみじみ語り合い、悲しみや喪失感を分かち合おうという気はなさそうである。フロイトの「悲哀の儀式」に社会全体として取り組み、安心して震災の体験を語り、共有する場所が実現することは、なかなか難しい。

私の診察…トラウマ・インフォームド・ケア

診察室では、「どうされましたか」とご本人の訴えをお聞きする。そのうえで、生い立ちやこれまでの生きて来られた歴史、仕事や家族、睡眠パターン、気分の落ち込み、パニック発作、感覚過敏傾向、などについてお聞きする。特に睡眠障害と密接に関係する強いストレスやトラウマが隠れていないかを注意する。そして神経発達症について質問して簡単な自記式チェック表に記入していただく。、

眠れない場合には、眠りに入れないのか、夜中何回も覚醒するのかをお聞きする。中には1時間おきに目覚めたり、一睡もできなくて、朝が白んでくると、やっと安心して眠れるようになる人もおられる。どういう不眠の型なのかを見ることで強いストレスやトラウマ、PTSDなどの存在がわかる。夜中に眠れず朝の訪れとともに眠れたり、朝起きてからの二度寝などは、朝になってやっと副交感神経モード（休息モード）に入れたことを示している。

PTSDを含むトラウマ反応においては、戦闘モードである交感神系緊張が長期に続いている。たとえば、津波の被害を被った旅館の女将さんがおられた。その後は穏やかな生活を過ごしていたし、夜も眠れていた。そして家族と安心して朝食をとって気持ちがほっとしていた、その時だ。午前8時半を過ぎて突然電話が来た。その瞬間に、おかみさんは予測もしないめまいや動悸や不安発作におそわれた。これは津波被害によって交感神経緊張状態を体験した女将さんが、8時半からの「もしかしてお客さんからの」電話によって、潜在していた戦闘モードが再現・賦活されたからである。

ところでトラウマ反応とりわけPTSDに苦しむ患者さんに接する時、基本的に必要なのは、

「あんな大変な事態の中で苦労して、ここまで頑張ってよく生きてきましたね」と相手の労をねぎらい、相手をリスペクトし、相手と私とが診察室で「今ここで」（here and now）で出会えたことの偶然を喜び合うことである。決して災害や暴力に会った時のことを根ほり葉ほり聞くことが優先されてはいけない。つらい体験を乗り越えて来られたことは、「あなたは貴重な何かをなしとげた」のであり、そのことの「価値」に対する尊敬がなければ、血の通った会話は成立しない。

なかなか言葉にならない人の場合には、自分から何か一言言ってくれるまで待つ。診察室は警察の取調べ室ではないのだから、相手の反応を無視して「尋問」してはいけない。昔々、日大の教授だった井村恒郎先生は、やはり診察室に入って一言も語らない女性に、ただ一言、「つらいですね」と言った。その一言だけで彼女はみるみる涙をためて語りだしたという。

現在の訴えや症状の陰に、強いトラウマ体験が隠されていないかどうかを念頭に置きながら診察することをＴＩＣ（trauma informed care）と呼ぶ。睡眠パターンなどから現在の症状が何らかのトラウマによって発生しているらしいことは、うすうすわかるので、「死にたい」という訴えの場合などを除けばいちいち聞かないこともある。初期の段階で根ほり葉ほり相手の「生傷」に触れないで、いつか自然に話してくださるのを待つ。しかし「死にたい」という訴えに対しては、「死にたいほど苦しいのですね」と伝えて、ど真ん中のストレートを投げるつもりで、死のうとした経験や方法などについて聞く。

自殺未遂の場合にも、「死のうと思うほどつらかったんですね」と相手をいたわる。くれぐれも「死にたい」という人に「死んではダメ」と言わないこと。それはつらくて苦しくて死にたい人を頭から全否定することだから。（松本俊彦『もしも「死にたい」と言われたら』参照）。

渡嘉敷島の集団自決から生き残った女性に「あの日の夜は雨が降って泥だらけの坂道を上がって、気持ちも足元も大変でしたね」と語りかけた。すると隣でパソコンに入力していたケースワーカーの男性が「先生はどうしてあの日の天候までわかるんですか」と聞いた。それは聞く側の常識だ。それくらいあらかじめ調べておいて、質問の数を減らすのだ。できれば実際にその坂道を歩いてみるのが、戦争体験者に対する礼儀というものだ。

ともかく本を読めばわかり切ったことをセカンドレイプみたいに何度も繰り返して聞くことなく、できるだけ「的を射た」質問をすることである。「的を射た」質問とは、相手が答えられる許容範囲で、しかも最も核心に近い質問を考えに考えて「一つか二つの短い質問」にまとめること。それでダメだったらあきらめるつもりで。後は相手が話そうか話すまいかと悩む「逡巡の時間」を含めて主導権を相手にわたすのだ。こういう気づかいは一般診療でも同じである。某公共放送で南洋戦で犠牲になった家族の慰霊祭を取材した番組があった。つらさでウルウルしている遺族に、「今はどんな気持ちですか」と何度も聞き返すアナウンサーの鈍感さに腹が立った。

感覚過敏について

近年、感覚過敏傾向を持つ一群の人々について長沼睦雄医師その他によって多くの著作が出されている。感覚過敏傾向は神経発達症に伴って見られる場合もあるし、発達症と無関係な場合もある。

感覚過敏の人は、「普通の人が拾わない刺激をも敏感に拾ってしまう」、「自分は自分、他人は他人」と割り切ることができない、そのため「他人に言われたことや失敗したことをあとあとまで引きずるのです」と伝える。

彼らはしばしば他人の前に出た時、あの人は自分のことをどう思っているかが気になる。目の前のAさんが何を考えているかは、Aさんでなければわからないのに、「Aさんはこう考えているに違いない」と想像してしまう。自信がなくて、他人にびくびくしているので、Aさんは「自分のことを悪く思っているのにちがいない」と飛躍した想像することもある。

これは私見であるが、感覚過敏と統合失調症とは両立しないという印象を持っている。理屈からいくと、この両者とも刺激閾値が低いという点で一致しているはずなのに、なぜか経験的に感覚過敏傾向のある人は統合失調症でない。また高齢者は感覚過敏の人が少ない。もしかして、高齢者も統合失調症患者も、外的刺激に対して「過剰刺激をブロックする体制」を完成させた人たちなのだろうか、それとも感情鈍麻によるのか。本当のところはわからない。

感覚過敏の人は向精神薬に対して過敏であることが多い。経験的に使える薬物は、抗うつ剤ではレクサプロとサインバルタくらいか。エビリファイの0・25㎎という低用量を私は使う。

身体的生理的な不調を訴えて内科などから紹介されることもある。内科的には原因不明の、吐き気や頭痛、体が熱くなる、痛みなどである。こういう方に刺激流入を減らすためエビリファイ0・25㎎を処方して著効を示すことがある。

掃除夫の仕事をしていた女性は、職場同僚との折り合いが良くなかった。そして出勤すると吐き気と嘔吐を繰り返した。よくよくお聞きしたら、朝に掃除道具を入れてあるトイレに行って、消臭剤の匂いに過敏に反応して吐いてしまうことがわかった。同僚間のストレスによって嘔吐をきたしたわけではなかった。

感覚過敏傾向を持っているかどうかは以下のような質問によって確かめる。質問項目は、①音刺激、②光刺激、③匂い、④食べ物、⑤着るもの、⑥他人との反応、⑦ヒトリ反省会などである。
①音：急にドアが閉まるときのように、バターンと大きな音がするとびっくりしますか。テレビは大きな音で見ますか、音を低くしますか。道路で車が急ブレーキをかけて「キキキー」という音を出したりするとびっくりしますか。子どもが街で「ギャン泣き」するとつらくなりますか。など。
②光：夏の日にカンカン照りの時に、景色がぎらついて見えたことはありませんか。眩《まぶ》しくて

目が痛くなることはありますか。
③匂い：香水の匂いがとてもきつくてつらくなったことがありますか。トイレの消臭剤や洗濯の柔軟剤の匂いでつらくなることはありますか。デパートの石鹸ショップの匂いに苦しくなったことはありませんか。
④食べ物：刺身や肉の脂身、イカ、タコ、キノコ、貝など「噛むときにぐにゃっとする食感」がだめということはありませんか。ミニトマトやイクラをプチッと噛むことは何ともないですか。そのほかに自分の苦手な食べ物はありますか。
⑤着るもの：毛糸の衣類はチクチクしてだめということはありますか。マフラーをつけたり、タートルネックのセーターを着ることができますか。シャツのタグが気になりますか。自分の苦手な繊維素材はありますか。
⑥他人の視線：他人の前に出た時に、自分のことをどう考えているかと気になることはありますか。
⑦ヒトリ反省会：昼に誰かと話した時に、話し足りなくて、夜になると昼の会話がビデオ上映会のように頭の中に入ってくることはないですか。「こう言ったけど、実はこうなんだ」とか「ああ言われたけれど、そうではないんだ」と、えんえんとヒトリ反省会をすることはないですか。ヒトリ反省会が終わらなくて眠れないことはないですか。ヒトリ反省会が夢に出

てきて、夢の中で対話したことはありませんか。

（参考書としては、長沼睦雄「大人になっても敏感で傷つきやすいあなたへの19の処方箋」「敏感すぎるあなたがうまく話せる本」や熊谷晋一郎・綾屋紗月「発達障害当事者研究」など）。

児童期逆境体験（ACE）

過覚醒不眠やパニック障害などのトラウマ性の症状を呈しているにも関わらず、生活史の中に目立ったトラウマ歴がない場合は、児童期逆境体験（ACEs: Adverse Childhood Experiences）か、神経発達症（昔は発達障害といった）が隠れていないかを疑う。ACEsの10項目については仲真紀子の説明を引用する（「子ども時代の逆境的体験（Aces）と貧困」「学術の動向」2017・10）。

〈虐待〉

①心理的虐待：あなたの親または成人した家族が、あなたを罵る、非難するといったことが頻繁またはごく頻繁にありましたか。

②身体的虐待：あなたの親または成人した家族が、あなたを押す、掴む、突き飛ばす、ひっぱたくといったことが頻繁またはごく頻繁にありましたか。

③性的虐待：あなたよりも5歳以上年上の人または大人が、性的な仕方であなたに触れる、触

るということがありましたか。
④身体的ネグレクト：十分な食事が与えられない、熱が出ても看病してくれない、衣服が汚れているなどのことがありましたか。
⑤心理的ネグレクト：お前なんか生まれてこなきゃよかった、などと言われる。
〈家族の機能不全〉
⑥物質中毒：「家族にアルコール／薬物中毒の人がいましたか」
⑦精神疾患：「家族にウツまたは精神疾患の人がいましたか」
⑧母親／義母への暴力：「あなたの母親または義母は、夫から押す、掴む、ひっぱたく、物を投げつけるといった行為を時折、頻繁、またはごく頻繁に受けていましたか」
⑨家庭内での犯罪行動：「家族に刑務所に行った人がいましたか」
⑩両親の離婚または離別

この10項目に点数をつけて、満点は10点となる。この研究は米国の総合病院で、18歳以下の時にこれらの体験をしたかどうか、診療科目を越えて調査された。その結果ＡＣＥスコアの高いものほど、うつ病などのメンタル疾患のみならず脳卒中やがんなどの身体疾患が多く発症することがわかった。

神経発達症（むかし発達障害）

これらの項目に該当するものがなくて、しかも訴えがトラウマ反応的な色彩を帯びている時は、神経発達症を疑うべきである。彼らは幼いころからいじめにあうなどのトラウマ体験を蓄積していることが多い。とりわけ中学生頃になって、「ギャングエイジ」のように「密接な仲間関係」を作る時代になると、その中に入れなくて苦労する。だから神経発達症の人たちは、トラウマとぶつかり合って苦労してきた人たちである。

トラウマを乗り越えるために

〈SOSの能力〉

困った時に、他人に相談すること（SOSの能力）。これは簡単そうで難しい。子どものころから大人になるまでの間に、他人に話して楽になったとか、助けられたという成功した幸せな体験がないと、人生で困りはてて自殺するかどうかというときに他人に相談するという発想はわいてこない。

〈悲しむ能力〉……泣いてもいいんだ

悲しむ能力というのも他人との関係と関連している。悲しみとは、一緒に悲しんでくれる人がいるから悲しむことができる。つまり悲しむことができるのは自己肯定感や他人に対する信頼感が前提にある。あるいは、そこに他人が存在することが前提である。孤独のままで心が凍り付いている時には涙が出てこないし、悲しむことができない。

〈語るあなたと聴く私〉

語れる相手の存在については言うまでもない。

〈しごと、住居、仲間、医療〉

これは身体や精神のハンディキャップを抱えた人たちが地域で生活していくための条件であるが、震災被災者やトラウマ体験者にも当てはまる。「しごと」とひらがなで書いたのは、必ずしも報酬の見返りのない、学生や主婦、母親、画家、写真家、趣味に生きる人も含めて、「何か打ち込むしごと」のことを指している。つまり、報酬のある仕事だけでなく、見返りはないが打ち込めるもの（しごと）があればいい。

〈音楽や芸能や地域力〉

例えば、青森県津軽地方の岩木山の姿を見ると、長年当地に住んだ筆者は大きな安堵感を与えられる。同じように原発事故で避難した人たちも、故郷の山が心を支えてくれていたはずだ。私たちは故郷の山の形や空の色や雲の白さ、夏の盆踊り大会や、土地に伝わる伝統的な民謡や踊りや音楽などの「地域の力」に支えられて生きている。そんな風に故郷は私たちの人格の一部であり、まるで「心の被膜」のように私たちの心を傷付きから守ってくれている。だから故郷を失うということは、自分の中の大切なものが壊れることになり、ストレスに打たれ弱くなる。故郷の音楽や芸能は私たちを守ってくれている。

〈「今」を大切に生きる意志〉

沖縄にいた時に、私が60そこそこだったころ、80歳を超えた精神科医の先輩がいた。で「長生きするにはどうしたらいいのですか」と私は聞いた。すると老先生が言った。「蟻塚君、長生きするには健康法でないよ。長生きしようという意思だ」と。この言葉は私にはとても大きなインパクトを与えた。生きようという前向きの意志は、交感神経を戦闘モードにし、免疫力を上げてくれる。PTSDに即して言うと、現在を肯定すれば過去トラウマは入ってこない。後ろを振り向かないで、ともかく今を肯定して生きることだ。生きる意欲を高くし、前向きに行動することだ。生きるって、そういうことだと思った。

だから私はPTSDで苦しむ人に目と目を合わせて、「今、ここで、私とあなたが会った」という「今、ここで」(here and now)の感情を強調する。そしてしばしば診察室でハイタッチする。私とあなたが、ハイタッチすることによって、「いま、ここで」お互いが生きてお会いできていることを感謝しあおう。

私のこの気持ちの底には、ナチスの絶滅収容所に閉じ込められたヴィクトール・フランクルの「体験価値」という考え方がある。とてもつらい人生をボロボロになりながらも、生きてこられた方にフランクルは「あなたはとても価値のある何かをなしとげたのです」と伝える。あるいは次の話が有名だ。

ある日の夕方、一人の囚人が「真っ赤な、ものすごくきれいな夕日が見えている」と仲間を誘った。明日をも知れないナチスの収容所で、囚人たちが真っ赤な夕日に呆然と感動して見とれたという。そして仲間の一人が叫んだ。「世界はどうして、こんなに美しいんだ」と(フランクル『夜と霧』より)。私も診察室でそんな「いま」を、患者さんと共有したいと思っている。

悲哀の仕事

本書「I　悲しむことは生きること」で述べたので簡単にスケッチする。

「あなたはがんです」と言われた時、たいていの人はひどいショックを受けるか、または「間違いではないか」と否認し、「よりによって何で私が」と怒りと悲しみの感情に襲われ、そして「やっぱりがんで自分は死ぬのか」と悲観し絶望する。このような「ショック・否認・怒りや悲しみ・絶望」などいくつかの感情状態を行ったり来たりしたあげく、冷静に考えられるようになり、「自分はがんだ、じたばたしてもがんが治るわけではない」という事実に正面から向き合って現実を受け入れることができる。この一連の過程をフロイトは「悲哀の仕事」（mourning work）と呼んだ。失ったものをうんと悲しみ、残された現実と向き合って、それを受け入れてこそ、人は再び地面に両足をついて立ち上がることができる。

震災は肉親や友人知人を亡くすばかりでなく、個人や、夫婦や友人や親戚といった身近な集団や、近隣や職場や地域社会という大きな集団において対人関係のずれを表面化させて無数のトラウマを発生させる。普段は、お互いに信用しあっていたはずだったのに、些細な違いが大きな違いとなって二人を引き裂くことさえある。私たちは、普段から相手の１００％を信じあい、一致できるから夫婦や友達をやっているわけではない。お互いの中の違いがありながらも「まあいいか」と大枠で一致するから信用して友達にもなれる。

しかし、震災という想定外の出来事が頻発する緊急事態においては、「避難するべきか、しないほうがいいか」「右に行くべきか、左に行くべきか」という具体的で緊急の課題を選択しなければならない。その時に不幸にして意見が大きく食い違い、双方とも譲れない事態が来ないとは言えない。つまり潜在している違いが非常時には表面化し、相手を受け入れられない場面もありうる。かくして震災は、個人が傷つくだけでなく、夫婦や家族や親戚や友達、近所付き合い、会社の同僚などとの間で、時には食い違いを表面化させる。こうして地震や、原発事故による避難の日々の中で離婚したり、親戚同士の仲たがいが起きる。

私たちは安心して悲しみと向き合い、「悲哀の仕事」のプロセスを踏んで現実と向き合うことによって再起できる。これらのトラウマは、放置しておくと、人によっては不眠やうつ、パニック障害、ＰＴＳＤ、慢性的な体の痛みとなって表れる。大震災と原発事故によって失ったものや悲しみと向き合うことなく、「頑張ろう日本」を唱和し走り続けるだけでは、未来は来ない。

悲しむ能力と人間に対する信頼感

夫と息子を津波で失い、独りぼっちになった女性は、不眠や気分の浮き沈みに苦しんでいた。外出するといえば通院することと、3日に1回くらい食料品を買いに行くだけだった。被災した人たちは人との付き合いが怖い。人と交わることは傷つくことだという「トラウマ後に特徴的な考え」が身についているから。だから身を守るために引きこもり的な生活となる。

私は頃合いを見計らい、当院で開いているデイケアに彼女を誘った。知らない人と話すことは怖いことだが、彼女はデイケアに何回か参加してから、おずおずと他の参加者に話しかけた。そしてびっくりした。他人と話すことや自分の話を聞いてもらうことが、こんなに素晴らしいものだと彼女は初めて知った。そして、「久しぶりに自分のことを語ることができた、自分は5年間もひとりでよくも生きてきた。自分をほめてあげたい」という感想を語った。そんな風に震災後の自分をほめて、デイケアで他の人に話を聞いてもらった感動を語った彼女だが、家に帰って気分が滅入って悲観的な時には、涙が出ないし悲しむことができないと言う。そして、気分が少し上向いて自信を取り戻した時には泣くことができる。心が凍っている時には泣きたくても涙が出ないのだと。

このように悲しみとは、悲しみを受け止めてくれる人がいて可能になる。そして彼女の言葉のように、悲しむことは、他人との肯定的な関係を前提として可能となる。孤独で、人間に対する感情が凍りついて麻痺しているときには泣くことができない。

こうして悲しむことは、他人や自分への信頼感、つまり「生きる」ことに対する肯定的な意思と密接に結び付いた体験だと言える。

同時に、悲しむことは自分の話を聞いてくれる他人への感動を通じて、熱かったヒリヒリするトラウマを、おだやかな記憶に変えてくれる。そして人々を前向きに生きさせてくれる。

話は変わるが、2016年に沖縄で20歳の女性が元米海兵隊員に強姦されて殺されるという事件が起きた。同年6月19日に那覇市で開かれた追悼県民集会では、登壇者も芝生に座る参加者もみんな泣いていた。

その様子を見て私は、「沖縄の人たちは、こうして悲しいことを悲しいと泣くことができる人なんだ」と感動した。日本と琉球との人間観の違いを感じた。日本では「泣くことなんて後ろ向きで女々しい」と言われて私たちは育ってきた。どんなに悲しくても「泣かなければいい子」とされる日本の文化は間違いだと思った。

■友人からのひと言■

ともにもっと悲しみ、もっと怒り、もっと憎むこと
そして闘うことは生きること

精神科医・大阪人間科学大学　岩井圭司

蟻塚亮二氏の著作を読む私は、二人いる。ひとりは阪神・淡路大震災の被災者として蟻塚医師に支えられ、エンパワメントされるわたし。もうひとりは、不甲斐ない同業者として叱責されるわたしだ。

さて、蟻塚氏のことをなんと呼ぶことにしようか。実際にお会いしたときには、ふつうに「蟻塚先生」と呼んでいる。SNSでは、仲間とともに「蟻塚親分」とか「アリの親分」などと呼んでいるのだが。ここでは「先生」や、ましてや「親分」はそぐわないから、やや堅めに「蟻塚医師」で通すことにする。

徹底して臨床家である蟻塚医師の眼差しは、やさしくもあり途轍もなく鋭い。彼は、たいていの精神科医がさして気にも留めない不眠症状の中に、「奇妙な不眠」を嗅ぎつける。それはたしかに、ふつうの不眠とはちがうのだ。他方で彼は、「沖縄戦のPTSDと福島のPTSD

はまったく同じである」と喝破する。

見逃されがちな差異を見逃さない目と、事象間の共通性・普遍性を見出す目。この複眼性。

彼はまた、入浴のたびに鳥肌が立つという患者の訴えに、交感神経の持続的緊張を察知して、「入浴後鳥肌反応」と名付ける（ひねりはないがなんとも誠実な命名だ！）。鳥肌が立つという、ありふれていてそれだけでは病的ではない現象を見て、その奥にあるトラウマ体験に気づく。このように、日常生活の中でのからだの症状をやさしく見つめた精神科医は、私の知る限りでは、蟻塚医師のほかには故・中井久夫くらいしか思い浮かばない。

彼のやさしさというのは、共に日々を生きる生活者としての共感から生じる、全面的人間肯定のやさしさである。それは蟻塚医師の、「生きるのはつらいことだから、生きているだけであなたは偉い」「それなのに生きてて偉いなあ、ハイタッチするべ」「もっと悲しみ、もっと怒り、もっと憎んでいいんですよ」等といった、トラウマ患者への明快で力強いメッセージによく現れている。

蟻塚医師は「前向き」に生きることの大切さを強調する。しかしそこに言う「前向き」は、凡百の「ポジティブ主義」「プラス思考」とは一線を画した、これまたやさしくも〝緩《ゆる》い〟前向き主義なのである（私は「ゆるポジ」主義と呼んでいる）。「まあ、いいか」「なりゆきまかせ」「最後には死ななければいいんだ」「いざとなったらトンズラだ」、等々。

患者とも地域住民とも、常に共に生活者であることをめざす蟻塚医師は、過去の集団トラウマ（戦争や災害）についてタブーなく話せる社会であらねばならないと主張する。沖縄処分以降の沖縄の〝植民地性〟およびかつての朝鮮人労働者が置かれた不当で過酷な状況についても、私たち日本人は語り繋いでいくべきである。そして、そこでの蟻塚医師の主張は、共生と共闘ということにあるのであって、決して「同化」ではないことを、銘記しておきたい。

Ⅵ　子どもの心に何かが起きている

避難体験が子どもに与える影響

東日本大震災関連の自殺者数は全体で200人を超え、そのうち半分以上が福島県民である。岩手・宮城では自殺者数は下げ止まったが福島だけは今も進行形で止まらない。震災関連死が震災直接死を上回っているのも福島県だけで、長期化する原発事故避難によると考えられる。

避難された人たちは、知らない土地で、話す言葉も違っていて、「東電からたくさんの金をもらっているのだろう」と思われてはいないかと気を使い、福島ナンバーの車だから悪く思われているのではないかと疑心暗鬼し、何よりも経済的に苦しい。

さらには未来についての不安が頭に入ってくる。誰か別の人と話している時、突然頭の中に、例えば何十年か先に自分が放射能による病気のために苦しむのではないかという不安が侵入してくる。これを「フラッシュフォワード」と言う。多くの大人たちは、大震災を契機に、それまで描いていた未来の見積もりがなくなった。大人たちの心がこんな風に不安定であるので、当然、子どもの心も不安定になる。

子どもの心の萎縮

地元の学習塾の先生によると、かつては高い偏差値の大学にチャレンジした高校生たちが、震災後は、多くが合格可能な偏差値の低い大学に進学するようになったという。前向きのチャレンジングな生き方を目指すと傷つくので、消極的で安全な生活を目指すという傾向は、大震災によって子どもたちが「ちぢみ志向」になっているのかもしれない。

桝屋二郎（福島大学子どものメンタルヘルス推進事業室）は「福島の子どものメンタルヘルス報告会」（2019年8月3日）において、「高校生の不登校が増え、20歳以下の自殺率が全国一になった」と報告した。大震災以後、若者や子どもたちの心に何かが起きている。

福島県内の児童虐待の増加

児童虐待の件数を福島県のホームページから拾って棒グラフにした。図のように震災の翌年から増え続けている。その増加率は平成23年（2011）と平成28年（2016）とでは3・69倍にもなる。厚労省のホームページから全国の件数を拾ってこれと比較すると、全国でも増えているが（2・05倍）、福島の虐待数の伸びはそれをはるかに凌駕している。図の棒グラフは下から、身体的虐待、性的虐待、心理的虐待、ネグレクトを示していて、心理的虐待が大きく伸びている。

これは震災後に子どもの育つ家庭や地域の環境が荒れているからだ。伊角氏彩らによると、児童虐待を受けた子どもは、「注意力や集中力の低下」「けんかやいじめをする」傾向を増長するだけでなく、「逆境を乗り越える力を減少させる」「他人を思いやるなどの心をも減少させる」という（『琉球新報』2022・4・14）。親の思いとしては、しつけとして罰を与えているのかもしれ

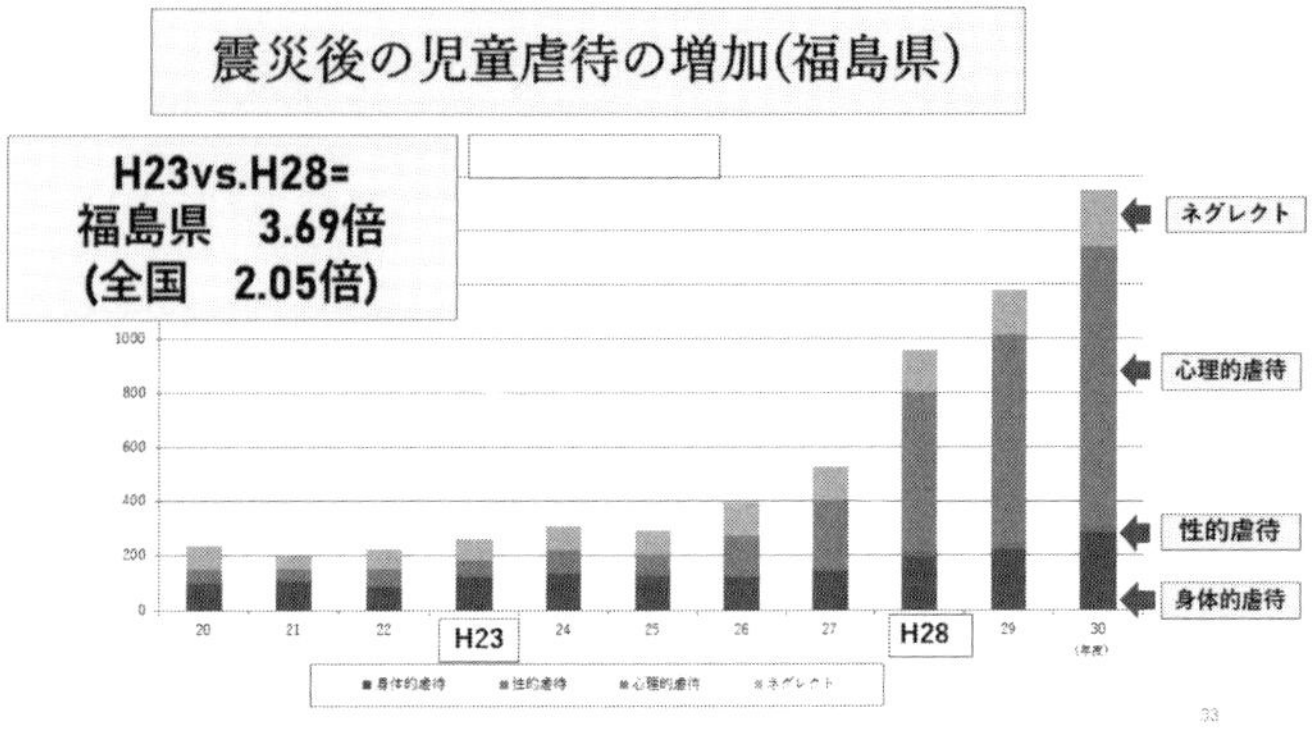

ないが、虐待は子どものストレスに対処する力を低下させる。子どもはほめられた時に成長する。叱られた時に自分で修正して成長する子どもはいない。

被災地で子どもの心に何かが起きている

この子どもたちが5年後、10年後、20年後、50年後に、うつ病や自殺、アルコール依存症やPTSD、あるいは非行や犯罪などに結実しないか心配である。

また最近のコロナ流行によって、小学高学年から中学生の、10~20%がうつ病気分を抱え込んでいるという(『河北新報』2022年5月6日)。

2020国勢調査によると、岩手・宮城・福島の42市町村のうち、33市町村で15歳以下の人口が震災前よりも大きく下がっている(『河北新報』2022年3月5日)。震災が被災地の少子化に影響を与えているのだ。15歳以下人口減少率は全国平均が11・0%であるのに対して、福島県が25・3%、岩手県が21・5％と減少率が大きい。被災地の未来はどうなるのだろう。（宮城県12・9％）。

震災後に生まれた子どもが落ち着かない

八木淳子らは、「震災後に生まれた子どもたちが落ち着かない」という保健師の声をきっかけに、岩手・宮城・福島3県の甚大被害地域において2011年3月11日以降1年間に誕生した子ども（223名）と保護者を5年後に調査した。子どもの対象年齢は4―5歳であった（八木淳子ら「震災後に誕生した子どもとその家庭への縦断的支援研究」精神神経誌、2022、vol.124 No.1）。

その結果、以下のような特徴を見出した。

・語彙発達の到達月齢が平均より7カ月程度遅れていた。
・子どもの行動と情緒について保育士による評価では、37％が臨床例（ハイリスク）であった。
・何らかの精神疾患を有する保護者」が35・9％（K6が5点以上）、35・2％がうつ状態（BDI-Ⅱで14―19点を軽度）、PTSDが14・2％（IES-Rが25点以上）。
・保護者が高ストレス状態の場合、その子どもの約4割が何らかの行動と情緒の問題を呈していた。

そして、3分の1の保護者が何らかの精神疾患に該当したことは、日本の一般的な精神疾患の有病率（10％未満）に比し危機的状況にあるとし、災害直後の出産と育児は母親に多大な心理的負担を強いたと指摘している。

避難中の人々は大震災と地続きで生活

八木の報告から、私は、今も避難中の人たちにおいては「災害直後と同じか、それに準じた状況」が続いているのではないかと疑う。

その証拠に浪江町津島地区の人たちの約半数が、8年たってもPTSDに苦しんでいる。現在進行系で今も避難先の人々や家庭の多くは、八木が指摘するような「震災直後の強い心理的負担」に苦しみ、子どもたちもその影響を受けているのではないか。

避難した家族は、故郷の喪失と引っ越し、失業や転職、生活費の不足、家族内の不一致や潜在葛藤の表面化、子どもの転校、未来の不確実感などの課題に直面する。

経済的困難や家族内対立、転校などは子どものメンタルヘルスを悪化させる。

いつ故郷に帰れるかわからないという不確実さは、未来に向けた計画的な生活や貯金への意欲を失わせ、衝動的・刹那的な傾向を促進する。学校現場では、子どもが激しく動き回って授業が成立しないのだと、つい2年くらい前に教育関係者から聞いた。震災直後は、中学生がSNSによって安易に異性と性行為に及ぶ例などを聞いた。

このように未来のあいまいさは、特に子どもたちの心に、人間に対する基本的信頼感の確立を阻害し、逆に刹那的で衝動的な傾向を促進する。この子どもたちの将来はどうなるのか？

被災した親には二重三重の援助を

『河北新報』（2022・3・11）によると、被災を体験した若者が結婚して子どもを設けた場合、その後シングル親になる可能性が高いという。中高校生の時に被災経験があると回答した親120名のうちで24・2％がシングル親だった。被災経験がない場合には、一人親は10・1％であり、20代の全国平均と同様だった。

これはとても深刻な問題を内包している。被災体験を持つことにより、親の情緒的な不安定さが大きくなる。そこに育児という負担がのしかかる。育児負担から上手に抜けるには、もっと年上・先輩の「親経験者」に相談するのが一番いいが、家族ぐるみで被災している場合に、相談相手も余裕もないのかもしれない。さらに結婚というストレスである。みんなに祝われてスタートする結婚であるが、内実は別の人格と生活を共にすることだからストレスは極めて高い。今後、親が被災者の場合には保健婦などが特別にケアと相談をする必要がある。

避難者を受け入れる地域も変動する

しかし見逃せない問題は避難者の側だけではなく、彼らを受け入れる地域も変動することである。

ある少年は津波で町がやられた後に、生まれ育った相馬の町の景色が相馬でないような気がした。原発事故で転校して出ていく生徒と転入してくる生徒、あるいは転入してくるよその土地の家族たち、その人の出入りの激しさに圧倒された。このように避難先の地域も、新しい参加者を受け入れて集団の再編成や行動の修正や変容を迫られる。修正することが嫌だという人は、避難者に嫌悪感を覚えたりイジメたりする。

原発事故を契機に大量の人が県内避難をし、転校や引っ越しをした。そのことによって避難先の地域の人々は「新しい人々」を受け入れて、彼らの言葉や文化の違いと折り合う努力をしなければならない。そのことによって学童・生徒の友人関係にひびが入ったり仲良くなって新しい体験をしたり、近隣の付き合い方の修正を迫られたりする。

かくして大量のストレスを抱えた人々が新しい土地に適応しようとし、受け入れる地域でも「新しいストレス」に直面する。こうして引越してきた新住民と従来の住民とに関係なく、大人も子どもも家庭も含めて地域全体の人間関係が変動し、敏感な子どもは引きこもったり、不登校だったりする可能性が生まれる。

おしゃべり 〈ふるさと〉に根っこをさがして

佐藤真喜子／蟻塚亮二

＊佐藤真喜子さんについては、85頁「故郷に帰ろう」を参照。

Here and Now　今、ここで

蟻塚　佐藤さんの大熊町に戻ってからのインタビュー記事をいくつか読んだんですよ。読んでみて聞きたいことがあります。一つは、この本全体を通して言えることですけど、〈ふるさと〉というものですね。私が言うふるさとと、あるいはまた別の人が言うのとは違うところも同じところもあるんだろうけれど、佐藤さんはふるさとをどんなふうに感じて、大熊に戻られたんでしょうか。

もう一つは演劇についてですね。人と人が本当に一緒に生きている、この瞬間を感じる、そういう場面を精神科の言葉では、「今、ここで」と言うんですね。Here and Now です。佐藤さんが別のところで語っておられますが、避難されてる人も戻ってきている人も、いろんな人がいる中で、演劇を通して人と人との繋がりを回復したいと思うのは、分断された福島の人々の中で少しでも「いま一緒に生きている」体験を共有したいということなんだろうかと。そしてこれは私の勝手な思いですけど、県内避難者となった佐藤さんが、同じ福島の言葉を語る人たちに「放射能がついてる」からとあちこちの避難所から断られるというマイノリティ体験を味わいました。その時の、分断体験が一つのバネになって、演劇を通じて人と人が混じり合う体験に結びついていくんだろうかと思ったりしました。

佐藤　そうですね。いろいろなバックグラウンドの人が今大熊に集まっていて、その人たちと演劇を介

して何か繋がることができないかと模索していたので、先生の本のあとがきで「Here and Now」という言葉があると知って、「まさにこれだ」って思いました。ただ、実際に大熊に帰ってきてここに住むようになって、「故郷に帰ってきたね」と言われたら、何か自分の中ではまだそこに達してない感覚があって。土地というものよりも、人との繋がり方みたいなところに〈ふるさと〉の土台があるのかなと思い始めています。

両親が共働きだったので、子どもの頃は祖父母に面倒を見てもらっていたんですが、どうしても面倒を見きれない時は近所の人に助けてもらったりとか、町の人たちに助けてもらうことは多かったので、町に育ててもらったみたいな感覚があって。今、徐々にそれができ始めてるというか、普通に生活していて近所の人と挨拶するとか、近所の人に野菜をもらったりとか、遊びに行ったりすることができてきている状態で、だんだん自分の理想に近づいているなという感覚があるんです。〈ふるさと〉という言葉から、どうしても土地とか場所、町という単位で考えてしまいがちだけど、たぶん自分はもっとその先にフォーカスを当ててるのかなと思っています。

蟻塚　浪江町津島地区の人たちと座談会をした時、ある女の人がこんなことを言ってました。自分は親が転勤族で、子どもの頃からあちこちに転勤したから、自分には〈ふるさと〉という感覚がなかった。ところが津島から栃木県の青年の家に避難してきた時、自衛隊の人が「うさぎお～いしかのやま～」と演奏してくれた。その時に初めて、「自分のふるさとは津島なんだ」ということがわかった、と。つまり〈ふるさと〉って単なる土地じゃないんですね。そこに住んだとか、あそこに住んだからじゃないんですよね。避難先という究極の場所での生きている実感とか、他の人たちと一緒に避難していながらの思いとか、人の繋がりとか、やっぱり佐藤さん言われたようなことなんだろうと思いました。単なる土地ではなく、人の感情や方言や近所付き合いなどに満ちた「情けの空間」であり「人々がお互いに生きていることを確かめる空間」なのだと思います。

「あとがき」に少し書きましたけど、私の〈ふるさと〉はどこだろうって思ったりもするんです。最近は外来に来る患者さんたちもだんだん高齢化してきて、「先生が長生きしなきゃあ、おれたちも生きていけねえからよ」って言われます。すると自分が後期高齢者になったなどという思いは吹き飛んでしまい、「俺もここで長生きしなきゃいけねえな」と思うようになりました。これが〈ふるさと〉になるんですかね。佐藤さんは今、もう一度ふるさとを作り直してるような感じですか。

佐藤　そうですね。でも、人が数年間ゼロになった土地にも根っこは残ってたんだなって感じる部分があって。人がいなくなったからといって、〈ふるさと〉の要素がゼロになったとは思っていないっていう感じですね。根っこが残ってるから、そこからまた地面に花が咲くように水をやり、肥料をやりみたいな作業を今自分はやってるのかなっていう感覚です。

蟻塚　その根っこという表現、面白いですね。例えば沖縄の人にしてみると、沖縄戦の時、艦砲射撃で故郷の見慣れていた山の崖が壊されて、松の木がそこから落ちてきた。それが何か自分の心が壊れたような気がする。根っこってそういうことかな。あそこに松の木があって、そして言葉があって、民謡や盆踊り大会があって、その民俗とか文化とか環境とか、空の青さとか、子どものころからの思い出と結びついて精神的なものですかね。

佐藤　そうですね、今私が住んでるところも結局震災後に新しくできた公営住宅だったりとか、そういう復興拠点と呼ばれて新しいものがどんどん建っていったりとか、逆にその新しいものを建てるために元あったものをどんどん解体して更地になっているっていう状態が、震災前の大熊町では考えられないくらいものすごいスピードで動いていて。確実に風景とか町の様子は変わってはいるんですけど、ふとした瞬間に「ここって大熊だな、うん」って思うのは、やっぱり空を見てる時にそう思うことが多いです。地元の人と関わっていると元の行政区は違ってもみんな優しくて、「町の人って優しいな」って思うことがあります。

蟻塚　方言とかもありますか、言葉のことも。

佐藤　姉に「まきちゃん、最近すごい訛《なま》ってるね」って言われました。同じ言葉で話せば、それだけでぐっと距離は縮まってくれるんで、自然と相手と同じ言葉を喋ってます。

蟻塚　昨年と一昨年と、福島の人3人にお願いして「おらもしゃべってみっが」という震災語り部の会をやったんですよ。そのうちの一人の井上さんは浪江の人で、浪江の言葉でしゃべったんです。私たちが学校で習う言葉は「標準語」、東京から統一を命じられた言葉、規格語ですよね。方言というのは子どものころじいちゃんばあちゃんたちに遊んでもらった記憶とか、あるいは聞いていた民謡とか音楽とか、そういうものと繋がるものだろうという気がするんです。だから、〈ふるさとの根っこ〉って言われましたけど、方言とか、山のかたちとか、空の青さとか、そういうものは人の心を守ってくれてるんだろうと思うんです。それは最近の精神科の言葉で「レジリアンス」と言うんです。環境の面が作ってくれるレジリアンスだろうと思うんです。だから方言ってすごく大事な言葉であって、明治時代に日本が沖縄を占領した時に、方言を使ってはいけないと命じて、方言を話した子どもに罰として「方言札」というのをぶら下げて立たせました。また朝鮮半島では植民地化して言葉を奪ってしまった。子どもの頃から慣れている言葉を奪うことは、その人の生まれ育った文化とか、音楽とか、あるいは食べ物の味までも奪っちゃうんじゃないだろうかという気がするんですね。だから方言ってすごく大事。

佐藤　そうですね。いつも相手をしていただいてるのが70代とか80代あるいは60代後半の人たちが多い中で、20代の若者が同じ土俵に立ててるなって思うのは、同じ言葉をしゃべってるからなのかなと思う時はあります。

蟻塚　それは大きいですね。だから佐藤さんはじいちゃんばあちゃんたちの方言によってどれほど心が守られてるか、と思いますね。ちょっと思いだしたんですけど、以前ある在日コリアンの女性が記者会見で、彼女自身の〈ふるさと〉は、この日本の大阪だと言われたんです。これには結構「あ！そうか」と思うところがあって。さっき佐藤さんが言った「根っこ」ということを考えた時に、ただ土地ということだけではないと。土地ということで言えば、在日コリアンの人の祖国は韓国であり朝鮮であるとなりますけど、三世ぐらいになると祖国と言っても、その根っこはなかなか見出しにくいと言うのですね。むしろ根っこ探しみたいなことを皆がしていて、その根っこを探す人たちと一緒にいる時がいちばん親密さを感じるそうです。そうすると彼らにとっては、ここで同じ根っこを探す人たちを見つけることが〈ふるさと〉を作ることになるのだということを、今佐藤さんのお話を聞きながら思いました。

もう好きなことでしか頑張れない

蟻塚　佐藤さん、以前「大熊に一度戻ろうかと思った」っていうふうに言われてましたね。どうしてそう思われたんでしょう。

佐藤　要因としてはコロナ禍が一番大きかったんですけど、もともと大熊に帰りたい帰りたいって思っていたので。もう大きなライフプランとしては、40代後半とか50代に差しかかる頃に、そこまで演劇を続けてて得た知見を、大熊に還元するみたいな空想をしてたんです。それが大学4年の時にちょうどコロナが流行ってしまって、当初は劇場っていう場所が、「三密」を満たす危険な場所だと世間的にも捉えられていました。そこでまた、居場所を奪われたみたいな感覚に陥ったんです。いわゆるプロの演劇人も続々と公演中止とか演劇をやめますなどの発表をしてるのを目にした時に、まだ大学も卒業してなくて、演劇の素養も身に付いてない自分が、今の状況で関東に身を置いてコロナを乗り切りながら演劇を続けていくのは容易ではないなと。だったら、大学もオンライン授業になってしまったし、関東に今いる意味っていうのはあんまりないんだろうなと思ったんです。

蟻塚　そうですよね。

佐藤　両親からも、オンライン授業になったんだったら福島に戻ってくればって言ってもらったこともあって、「ちょっと戻ろうかな」と思ったという感じです。わたしは高校の時にメンタルに不調が出てきてしまって、もうこれからの人生は自分の好きなことしか頑張れないっていうのが何となくわかってたので、じゃあ演劇以外の好きなことって何だろうって改めて考える機会でもあったんです。その時に、ぱっと思いつくのが大熊だった。

蟻塚　大熊に戻った当初はどんな感じでした。

佐藤　大学に在学しながら働ける場所ってそんなに候補がなかったので、今の会社の方にちょっとご縁があったので、お話を伺うついでにアルバイトが決まったような感じでした。当初は南相馬から通ってたんですけど、とにかく朝が弱いんです。まず起きれないし、通勤もなかなか大変なので、だったらと大熊に住み始めたんです。本当に全然予想していなかったタイミングで、再び大熊に戻ってきたっていう感じです。

蟻塚　私が聞いた中では、おそらく18歳とか20歳ぐらいの時に佐藤さんは、自分のこれからの人生は、もう好きなことしか頑張れない、好きなことで頑張ろうっていうふうに思ったんですね。

佐藤　やっぱり、避難先での体験ですね。そもそもは東日本大震災に起因するんですけど、でも、いろいろないわれのない言葉を投げつけられたり、目にしたりすると、高校に入って学校に通うという普通当たり前とされていることが、自分にとってはものすごくハードルが高いという経験をした中で、自分は演劇ならできるっていう気づきがあったんですね。

蟻塚　なるほど。

佐藤　日々の生活の中で、これはできるこれはできないという選択をしていった時に、できることがごく限られていて、できることは演劇のほかは美味しいものを食べるとか（笑）、そんな感じで。今こうやって話していても、1分先、2分先どころか、もう次の瞬間にまた同じぐらいの規模の災害が起こりうるという体験をしてしまったからには、もう自分の人生だし、自分のために生きるというのが正解なんじゃなかろうか、エゴをもうちょっと前面に出していいんじゃないかって思うようになりました。

蟻塚　うん。大賛成です。この頃患者さんに、自分が腹の底から面白いと思えるものを見つけよう、面白いと思うことをともかくやってみようよって言ってるんです。いわゆる会社勤めは飯を食うためにやむを得ずやるんだけど、それはそれとして面白いことを何か探そう、そのことのために一生懸命生きようよって。佐藤さんの言葉で言うと、もう1分先にはこの世がまた壊れるかもしれない、そんな崖っぷち体験みたいなものもあるんだけど、私もものの見方が変わったのかもしれないですね。今まで統合失調症の患者さんの治療をずっとやってきて、何とか回復して、何とか就労して生活していくっていうモデルを推してきたのは間違いだったかと思ったりもするんです。というのは、今の世の中はあまりにも厳しすぎる。生きていくのが。患者さんをたくさん診てきて、社会に押し出そうとしてきたのは、間違いだったかもしれないという気がしてます。だから、「面白い！」っていうことをやるのがまず一番。仕事は二番目でいい。そういう点では、はからずも佐藤さんが演劇というものに至るモチベーション、至る経過は違うにしても、うまくいったなっていうことでは大賛成ですね。

佐藤　そうですね。自分でも、あり得ないような体験をしてるし、一言では片付かないような人生だなと自負しているというか（笑）。高校生の時には、もうこんな人生を送るぐらいだったら死んでやると思ってた人間とは、今では思えないくらいですね。もちろん、3月が近づくにつれ、厳しいなと思う時は今もあるんですけど。うまくピースがはまったのがたぶん大学に行ってからで、次はどこにはめればいい、これをはめればいいんだって、ジグソーパズルがだんだん解けるようになってきたみたいな感覚はあります。

蟻塚　ピースがうまくはまってくれたのは、この4、5年間でですね、オンライン授業っていうのも、きっかけとしては良かったんじゃないですか。

佐藤　それは思います。大学の同期生は関東で頑張っている人が多いので、それを見て、自分も続けたかったなという思いもあるんですが、ただもともと大熊に帰って演劇を手段の一つに用いて何かやっていきたいと考えていたので、それが20代のうちからそういう土壌を耕せているのは、すごくありがたい機会に恵まれているんだなって。なんか、すごくポジティブになりました、私。

蟻塚　なったね。すごいなあ。

佐藤　「なんか、つらいな」って思う朝とか夕方とかもまだまだあるんですけど、でもどこかで「へこたれてたまるか」という反抗心みたいなのがあって。「絶対に負けないぞ」「自分だったらもっとしなやかに生きられるはずだ」っていうある種の強さみたいなのは、この数年間で得られたとは思います。

蟻塚　すごい話だ。うん。私ポジティブになりましたって言い切るのがすごい。演劇の方は、今はどうなんですか。佐藤さんが頑張って主役を張る時には私、花束を持って行こうかと思います。

佐藤　今は所属している劇団はなくて、たまたま同じ劇団に呼んでいただくことが多いんです。フリーランスとしてやってる感じです。実は再来週に大熊でも演劇をやろうと進めていたりします。南相馬にいらっしゃる作家の柳美里さんが「常磐線舞台芸術祭」というのを企画していまして、それにちょっと関わってくださいってお話をいただいてまして。

蟻塚　すごいな、そうなんですね。

佐藤　もっと関東でやることが多いと思っていたんですけど、意外とこっちでもできる機会があるなっていうのもあります。それもまたありがたいことだなと。演劇をやるとなったら当たり前のように関東で行う、一極集中じゃないですけど、東京でないと演劇はできないものだって子どもの頃は思ってたので。それが福島でもできるんだという嬉しさもあり、バランスよくできそうだということも前向きになれる要素の一つですね。

蟻塚　私は柳美里さんが福島に来られた事情をあまり詳しく知らなかったんですが、全米図書賞を受賞した『上野駅公園口』を読むと、福島の歴史を相当詳しく調べてますね。そういうふうにして佐藤さんの演劇だとか柳さんの文学が、福島の土着の思想、さっきの言葉で言うと「ふるさとの根っこ」と繋がっていくような広がりをこれから持ってくるのでしょうね。ふるさと発のふるさと文化を、ふるさとの人が喜んで、交流して、Here And Now をお互いに感じるという。これが東京一極集中でない、東北のやり方だっていうことですね。とても期待してます。

佐藤　大熊の人にとって演劇はまだまだ身近なものと言えるような段階ではなくて、見たこともないし、聞いたこともないみたいな感じなんです。ただ文化ではあるなっていうふうには理解してるので、そこをこの2年でできた繋がりを駆使しながら、「真喜子がやってるんだったら見に行こうかな」と思ってもらえればいいなと。ちょっと興味を持つきっかけぐらいは作れてるのかなと思うんですよ。そこからどんどん大熊の人を取り込んで、どういうバックグラウンドを持っていようと関係なく対等でいられる場にできたらいいなと思ってます。

被災後の子どもたちは

蟻塚　去年開いた「おらもしゃべってみっが」という、震災のことをみんなで語ろうという集まりに震災の時小学校3年生だったという方が来てくれて語ってくれました。その中で、あの当時に育った子どもは親が大変だったのを目の前で見てるから、言いたいことを言おうとしても、やっぱり親に遠慮するところがあって、それがまだずっと続いてるんだというふうな話だったんですね。そういう子どもたちは、中学高校の思春期は親に反抗する時期でもあるので、やや難しい問題があったのかなと思ったりしました。佐藤さんは自身を振り返ってみて、その辺はどうですか。

佐藤　震災直後は、子どもの安易な興味や関心でいろんなことを聞いちゃいけない、原発のこととかを聞いちゃいけないだろうなっていうのがすごくありました。もちろん当時の自分は正しい選択をしてたって今思うんですけど、そういう遠慮はありました。それから高校時代に不登校になってしまった時に、どうせ私なんか学校に行くという当たり前のことができない人間だから…みたいな自責の念が強くて、両親とまともに会話することがままならなかったですね。心配をかけているという後ろめたさもあったので、うまくコミュニケーションが取れないなと思っていた時期がありました。でも、高校の途中から演劇を介して出会った人たちとか、演劇を学ぶために上京したという経験の中で、何か言葉にしないとコミュニケーションが取れないし、対等な関係は築けないって思うようになったんです。それからはもう無駄な遠慮はせずに、自分は今こういうふうに思ってて、こういう気持ちでいるんだということをちゃんと話せるようになりました。

蟻塚　なるほど。その、「どうせ私なんか」という悩みとか、親に心配かけてるだろうなっていう感情というのは、普通は親子間ではなかなか表面化しないんです。おそらく、演劇をやる中で、親とは違った大人に出会うでしょう。イギリスのウィニコットという学者によれば、私たちが子どもから大人になる時っていうのは、過渡的な対象が必要だと言うんです。おそらくお兄さんみたいな大人とか、お姉さんみたいな大人とか、要するに自分の親とは違った大人に触れて、こういう大人もいるんだって思えることが必要だと言うんです。もう一つは、やっぱり演劇というものが大きいんだと思います。精神科でも演劇療法をやってる人がいますね。日本人とヨーロッパ人を比べてみると、日本人は何も言わなくても「わかってくれるはずだ」という思い込みを親と子が持っていて、お互いに遠慮して結局コミュニケーションがはかれない。ヨーロッパ人はこれと対照的に、言いたいことをはっきり言わなければ人は絶対私のことをわかってくれないという文化だと言われます。佐藤さんは、親と違う大人たちの中で仲間に伍して生きていくためには、自分の言うべきことを一生懸命言わないと生きていけなかったんだろうなと思うんですね。そんな対人関係の中で生き抜いてこられたのが素晴らしいですね。

佐藤　まだまだうまくできてないなと思う部分もあるんですが、ずっと思っているのは、自分は家族が好きだし、両親の娘でよかったなっていう思いを持っているので、そういうちょっと気恥ずかしいと思われそうなことも、なるべく伝えるようにはしていて。両親ももう60代後半に差し掛かってきたので。

蟻塚　うん。その自分は家族が好きだしっていう感覚ってものすごく大きいですね。少し前に少年院の心理分析をしている人の本を読んだんですが、少年が何らかの事件を起こしそうになった時、ブレーキになってくれるのは家族なんですね。自分は家族が好きだから、これをやったらその家族に迷惑がかかると。だから家族が脱線しそうな自分を止めてくれるんですね。家族は自分が帰る基地、ふるさとみたいなものなんです。

それにしても、自分の内面とか体験をここまで他人にきちんと伝えられる形で言語化ができるのはすごいなと思います。やはり表現活動をしているからじゃないでしょうか。普通の人は、なかなかそうできないんですよ。文章でも演劇でも映像でも、一番伝えたいことを人に伝えるためには、あまり言いたくないことも含めて見せないとちゃんと伝わらない。だから、どう表現するかというのがすごく大事。佐藤さん自身が演じる人だからだと思うんですが、ちゃんと伝えるために人の心を動かす、そういう語りがすごくうまいですね。やっぱり表現者なんだなって思いました。

エゴを大切にあつかう

蟻塚　福島に「帰るべきではない」と言う人たちも

いますね。私の周りにも原発に反対する立場からそう訴える人や、放射能の健康被害への不安から帰るべきではないと言う人がいます。そういう声は佐藤さんにはどう映っていますか。

佐藤　すごく究極の言い方をすると、何も思わないです。その意見もあって当然というか、私が帰りたいと思い、町のために演劇を使ってこうしたいという思いを持っているのと同じぐらい、帰るべきじゃないとか不安だという気持ちもあって当然だと思うんです。世界で最も深刻とされる原発の事故処理がちゃんとできない、まだ現在進行形の原発事故渦中にいるのですから。それは福島の人だけの問題ではなくて、日本全体、ひいては世界全体に関わる問題だと思うので、そこに対して不安や恐怖は生まれて当然だと思うんです。私自身には、そういう不安とか恐怖よりもっと手前に、帰りたいとか町が再興に向けて歩み始めたら私にできる形で関与したいという思いがあるだけで、気持ちのどちらが先かみたいな感じなのかなと思っています。だから、そういう意見を持ってる人たちに対して「なんでだよ」とも全然思わなくて、何とも思わないっていうのが今の気持ちです。

蟻塚　不幸にも原発事故が起きて、人のものの見方もある意味で分断されたわけだけど、避難している人もしていない人も、帰還した人を理解していない人も含めて、心と心の通じ合える Here and Now の機会が増えればいいと。そこにレジリエンスを感じますね。でも本当は被災者にそういう分断が起きてしまうことが問題で、それを解消しようとしないために当事者がずっと苦しんでいる感じを受けます。私の友達でも大熊の人がいて、一度帰ったけれど、もう自分がいた土地が更地になっていてがっかりしたり、あるいは議会に訴えたけれど聞いてくれなかったと落胆してる人がいます。佐藤さんがそう思ってるかどうかは全然別にして、はたから見れば、そういう現実を若者が救済しようとしているふうに言えるかなと。佐藤さんがそう思う必要はないんだけど、そうやって原発事故がもたらした地域の不幸な分断を繋ぎとめる若者の試みというふうにも捉えられますね。だから。私は佐藤さん頑張れ、頑張れって応援しますよ。

佐藤　ありがとうございます。どうのこうの言ってますけど、本当に根底にあるのは、自分の心を守るためというエゴなので。そのエゴで自分の心を守るとか自分が楽しむっていうのが、結果的に周りの人も楽しめていたり、町が盛り上がる一つの要素になればいいなっていうことは思います。一人ひとりのやりたいことや楽しめることをきちんと得られる状態がたぶん健全なんだと思うので、そういうロールモデル的な感じにはなりたいなって思ってます。自分のやりたいことをこの町でもできるし、そういう生き方をしていいんだって思ってもらえるような。だから自分が経験した高校時代の話とかも、なるべく包み隠さず、そこを経て今こういう状態になってますっていうのを、いっぱい共有できたらいいなと思ってます。

蟻塚　表現者はやっぱりエゴが大事ですからね。

佐藤　そうですね。

蟻塚　佐藤さんはもっと自分のエゴに忠実に生きていいんだと思ってますよ。人って、自分自分を頼みにしないで、何を頼みにして生きますか。世間様の顔色を見てるんでは駄目ですね。やはり自分が一番大事だっていう時、自分のエゴを大事にしたところに理想みたいなものも開くんだろうというふうに思うんです。だからあんまりエゴというのを否定的な意味では使わないで、むしろ肯定的に使ってほしいなって思います。

（2023年3月）

朝鮮人の強制労働

戦前生まれの患者さんには、しばしば、戦争が終わった1945年のころの様子を聞くことにしている。そのころ11歳の少女だったAさんが教えてくれたお話だ。

1945年7月、仙台に向かって米軍の飛行機が飛んでいった。仙台の方角は真っ赤な花火大会みたいだった。そのあと相馬の海岸に焼夷弾が落ちた。見に行ったら父に怒られた。朝鮮人労働者もいた。朝鮮人が「強制労働」して鉄塔を作ったが、米軍機に爆撃されてたくさん亡くなったという。

詩集『十歳の夏まで戦争だった』(若松丈太郎)の記載を勝手ながら要約させていただくと、「1945年8月9日、米軍艦載機の機銃掃射で、新地町にあった相馬塩業を機銃掃射して爆弾2発を投下し、同所で働く朝鮮人労働者とその家族ら100人を超える人々が被害に遭い、総数では20人を超える人々が死亡した」とある。

問わず語りにAさんの口から「朝鮮人強制労働」という言葉が流れたが、この地域の人々の間では、朝鮮人の戦時徴用の存在は知られていたことなのだろう。

いま日本政府は、佐渡の金山をユネスコの世界遺産に登録申請しようとしている。これに対して韓国政府は佐渡金山における戦時中の朝鮮人強制労働という「負の遺産」について日本政府の責任を問い、世界遺産登録に難色を示している。日本は韓国のこの主張を認めない方針だが、診療所に通うAさんの語りから、「朝鮮人強制労働」が日本各地に普通にあったのだろうと思う。

闘うこと　魯迅と沖縄と女性たちのマグマ

教育評論家の尾木直樹氏が言うように、いじめはいじめた方が悪い。性暴力も加害者が悪い。そして魯迅は「闘うことは正しい。人が圧迫されていてどうして闘わないのですか」と言う（『三閑集』文芸と革命）。

私が相馬市に赴任した翌年の2014年6月、郡山市で「沖縄戦のPTSDと福島のトラウマ反応」という講演をした。この会場の片隅に、実名で本書に性暴力被害体験を書いて下さっている佐藤由紀子さんが参加しておられた。そしてさまざま逡巡しながら半年後の12月、彼女は当院に来られた。初めてお会いしたが、彼女のお話の要所要所にPTSDとしてのつじつまが合っていた。私は「あなたが勇気を奮ってここに来られたということだけで半分治っています」と伝えた。

ところで、そのころの日本では、幼いころに受けた性暴力被害を裁判に訴えても「時効」扱いされ、裁判所は閉じられていた。ところが佐藤さんが来られた3カ月前の2014年9月、札幌高裁は、幼いころの性暴力被害について除斥期間（裁判する権利の存在期間）を、原告が後年うつ病を発症した時からスタートするものと判断した。このことにより、幼いころの被害を後年に訴えることが可能となったのである。

そんな時に来られた佐藤さんだったが、この時代に同様の裁判に訴えるケースは稀有なことであり、彼女は裁判に訴えるかどうか、とても迷っておられた。裁判を起こすと地元の人たちにすっかり名前が知られてしまう、と。

私は、「悪いのは加害者であり、あなたは悪くない」、そして「闘うという選択」があると彼女に伝えた。「闘う」という言葉に、彼女は「とてもびっくりした」と後に語っておられた。

この話には伏線がある。沖縄にいた時、「性暴力ワンストップ支援センター設立を強く望む会」の集まりに参加し、金城葉子さん（共同代表）や高里鈴代さん（強姦救援センター・沖縄代表）、加藤治子さん（性暴力救援センター大阪SACHIKO代表）のお話を伺う機会があった。「ワンストップ望む会」の運動は広く県民の共感を集め、やがて県立病院内に同センターを設立することにつながった。

沖縄の女性たちは、涙ながらに語り、訴え、闘い、勝ったのである。彼女たちの訴えを県民が支持した背景には、米兵による「少女暴行事件」（1995年）以来の、持続する沖縄の怒りのマグマがある。そんな沖縄のマグマを、私が中継して佐藤さんに伝えたのだ。佐藤さんはもとより、性暴力被害者は主治医を見つけるのに苦労する。多くの精神科医は性暴力被害者を診察することにより、「加害―被害」の対立構造にまきこまれることを嫌う。逃げるのだ。佐藤さんを診察した医師は、性暴力トラウマによるフラッシュバックを統合失調症の幻覚と診断した。

佐藤さんが来られた翌年の2015年6月に京都で開かれた日本トラウマティックストレス学会のシンポジウムで、「性暴力によるフラッシュバックを、有名精神科医が統合失調症扱いした」と佐藤さんの体験をもとに精神科医に警告した。

この時には、当事者として日本で最初に実名で本を書いて訴えた小林美佳さんとお会いした。小林さんの訴えは、沖縄の女性たちの訴えとまったく同じだった。小林さんは『性犯罪被害とたたかうということ』という本を出しておられる。

性暴力もいじめも、被害者は悪くない、加害者が悪い。「人が圧迫されていてどうして闘わないのですか」という魯迅の言葉は、佐藤さんや小林さんの言葉でもある。シンポジウムのおしまいに、小林さんと壇上でハイタッチしてエールを交換。ヤッホー。

安全神話…陸軍、三池炭鉱、原発

2011年に原発事故が起きて「原発の安全神話」が崩れた。それより50年前、「最先端の設備だから事故は起きない」という「安全神話」を誇っていた三池炭鉱で、戦後最大の事故が起きた。

日中戦争初期に、「皇軍に砲弾病なし」というプロパガンダが国民向けに流された（中村江里『戦争とトラウマ』）。これは召集されて戦地に赴く兵士と国民に対する戦争の「安全神話」である。砲弾病とは第一次大戦で明らかになったシェルショック（爆弾衝撃症）のことであり、後のPTSD概念の原型である。しかし実際には兵士の戦争神経症（PTSDなど）は発生し、国府台陸軍病院はじめ各地の病院に収容して治療した。そして敗戦の時に、これらの戦争神経症の入院カルテについて焼却命令が出された。

最近も森友学園に対する国有地売却をめぐって、財務省が公文書を改ざんしようとし、改ざんを強いられて同省職員の赤木俊夫さんが自死された。敗戦の時、全国の役所や陸軍病院カルテの償却を命じた当時の政府と、今の政府とは何も変わっていない。

戦争も炭鉱も原発も、国や会社側はいつも「安全」を強調してきた。原発汚染水海洋投棄は安全だと言い、原発事故によって甲状腺がんは発生しないと今も「安全」を強調するが誰が信じられようか?

星空、輝く太陽、夕焼けに「心震える体験」

3・11の時、訪問看護のため軽自動車で走っていた女性は、車ごと津波にもっていかれた。いつしか車が外洋に沈みそうになる直前、漂流していた住宅の一部に乗り移った。自分の住んでいた相馬の町の明かりがはるか遠くに見えた。その時、ふと星空に見入った。彼女は海の上の寒さや孤独や恐怖を忘れて、満天の星空に見入ったという。あの日の星空は、仙台でも郡山でも、相馬でもたくさんの人々が、「これまで見たことのない星空」だと言う。

元ひめゆり学徒隊員で戦後にコザ孤児院で働いた津波古ヒサさん(2020年12月没、93歳)のお話を聞くことがあった。穏やかな語り口であるが毅然とした正義感が伝わる方であった。

沖縄戦ではおよそ1000人の子どもたちが孤児となった。コザの孤児院では母を恋しがって子どもたちが泣いた。生き延びた孤児たちの多くは里親に引き取られていったが、しばしば学校に行かせてもらえず、豚の世話をするなどの児童労働を強制された。

そんな孤児の体験をされた女性から聞き取りをしていた時のことだ。孤児となった少女が、夕方になって悲しくてさびしくて死のうと思って海に行った。が、ふと空を見たら星がきれいだったので死ぬことをとどまったという。

東京大空襲で孤児となった子どもや、戦時中に疎開した子どもたちも、夜になると泣いた。震災や戦争のストレス反応では「夕方に涙、夕方にさびしくなる、夕方に思い出して死にたくなる」という夕暮れ症候群（sundown syndrome）はしばしば見られる。

原発事故の町から避難している女性Wさんが教えてくれた。小さいころから母に「心理的に」捨てられつづけ、中学生のころから死ぬことばかり考えていた。成人しても、毎晩悪夢を見て金縛りにあい、眠ることが怖かった。ところが30歳のころだった。ある日、驚くほど太陽がまぶしかった。輝く太陽を見て、生きていることを実感した。そして死にたい気持ちがなくなった。

これと同じ話をオスロのムンク美術館で見ることができる。長い精神的不調から回復した時に、ムンクが描いたのは巨大な太陽の絵だった。「回復期の太陽体験」として有名である。

このような、太陽や星に驚き、心が震える体験を、精神科医のフランクルは体験的価値と呼んでいる。彼はナチスによる絶滅収容所にとらわれていた。ある時仲間の囚人が飛び込んできて、「おい、見てみろ！疲れていようが寒かろうが、とにかく出てこい！」と言った。しぶしぶ外に出たフランクルが目にしたのは、あまりにも見事な夕焼けだった。

私たちは暗く燃え上がる雲に覆われた西の空を眺め、地平線一帯にくろがね色から血のように輝く赤までの、この世のものとも思えない色合いで、絶えず様々に幻想的に形を変えていく雲を眺めた。一人の囚人がつぶやいた。「世界はどうしてこんなに美しいんだ」。（フランクル『夜と霧』）

福島の海外移民

Tさん（85歳）がクリニックに来られた時、すでに重症の認知症が進行していた。高血圧のほかに皮膚にひどい褥瘡《じょくそう》があり、栄養失調状態だった。認知症の専門病院に入院したが3カ月後に肺炎で亡くなった。

Tさんの父は相馬の人だったが、1929年前後の東北の大冷害と不況の中、仕事を求めて千島列島の真ん中あたりのシムシル島に移住し、日本人の住宅を建てる仕事をしていた。この島でTさんは生まれた。

別のFさんは樺太の生まれで、戦後に父の故郷の相馬市に戻ってきた。認知症のために通院されていたが、先祖のお墓に行きたがった。ついに妻の名前も言えなくなって、今は施設に暮らしている。

あるいは当院に通っておられる人に、「親戚でブラジルに移民した人はいますか」と聞くと、「います」という場合は珍しくない。2代前まで聞くと千島列島や樺太移民の話も出てくる。昭和恐慌と冷害に襲われた東北で人々は娘の身売りや南米移民、満蒙開拓などに追いこまれた。福島県は海外移民が全国7位と東日本では一番多い。今も帰還困難地域を抱える浪江町は、一時ブラジル移民者の数では全国1位だった。

秋田出身の石川達三が描いたブラジル移民船の主人公たちの姿は、原発事故による避難の人々の姿に重なる。日本からの海外移民が一番多いのはブラジルであり、福島県からの移民が一番多いのもブラジルである。ブラジルの日系人社会で夏に盆踊り大会（BON DANCE）が開かれるとき、一番多くかけられる民謡は「炭坑節」でなく、「相馬盆唄」であるという。ところで彼らは伊達や酔狂で移民したわけではない。石川達三がブラジル移民船に乗ろうと神戸の収容所に行った。そこで彼は目にした。

そこに全国の農村から集まった千人以上の農民家族は、みな家を捨てて田畑を捨てて、起死回生の地を南米に求めようという必死の人たちだった。その貧しさ、そのみじめさ、日本の政治と経済とのあらゆる『手落ち』が、彼らをして郷土を捨てて異国に流れて行かせるのだった。移民とは口実で、本当は『棄民』だといわれた。………小雨の降る寒い日だった。バラックの待合室の中は人いきれとみじめさとで、いたたまれなかった。私は雨の中に一人出ていき、赤土の崖のふちにうずくまり、だれにも顔を見られないようにして、しばらく泣いていた。私はこれまでに、こんなに巨大な日本の現実を目にしたことはなかった。そして、この衝撃を私は書かねばならぬと思った。

（石川達三「出世作のころ」）

海外移民せざるを得ない福島のこの貧しさと、食糧・電力・資源提供植民地だった東北が重なり、後世に東電福島原発が誘致され、そして原発事故として表面化する。

叩かなければドアは開かない

大学卒業後は市中病院の精神科に就職した。医学部3年の時、寄生虫学教授の山口富雄先生が「いい医者になるにはいい師匠をもて」と言った。だから自分で自分の精神医学の師匠を探した。

しかし当時の日本の精神医学には治療学がなかった。患者を病院に閉じ込める精神医療が主流だったので、患者をどう治療するかは問題にされなかった。岡田靖雄先生によれば、「研究者になれない奴は治療者になれ」というのが、東大精神科・内村教授の口癖だったという。

その当時、日本にあった精神科治療学と言えば森田療法と群馬大学の生活臨床、そして精神分析だけだった。患者さんをより深く理解するには精神分析的な理解が必要だという結論に至り、具体的には、山梨日下部病院の松井紀和先生にお会いして教わろうと決めた。1976年1月に日下部病院に電話して「松井先生とお話ししたい」と言ったら、事務の女性が「どなたのご紹介ですか」と聞く。同病院は慶応大学精神分析グループの医師が訓練する場所であり、私はただ松井先生の「精神病院の精神力動的改革」という論文を読んだだけで、先生とは一面識もなかった。「紹介がなければ会わないなどという了見の狭い医者になんぞ会うもんか」と毒づいたが、先生と電話がつながり2月10日にお訪ねすることになった。

ところが2月10日に行けなくなった。電話してお詫びしたところ快く3月10日にお訪ねすることを許してくださった。そして3月10日、また行けなくなった。電話して4月10日にお訪ねすることを許していただいた。そして4月10日になった。なんと、当時の国鉄労働組合が全国ストを打った。仏の顔も三度まで、ここで行かなければ死ぬまで松井先生に会えないと思った。だから何がどうあっても行かねばならぬ。そこで、ボンネットに穴があいている愛車（トヨタボローラ）を引っ張り出し、青森県弘前市から山梨県山梨市に向かって750㎞を走り出した。仙台に近いところで急にエンジンの出力が弱くなって、車が止まった。ボンネットから白煙が出た。オーバーヒートだ。しばし休んだら車は動き出した。

結局、翌日の午後に目指す病院に着いた。桃色の花が咲く農道の中を走り、後でそれは桃の花だと知った。病院では、松井先生以下の皆様がハラハラして待っていて下さった。なんとありがたい。こんなふうに、困ったら「飛びこんでいく」というのは森田療法で言う恐怖突入である。困ったら飛びこんでいけ。

その時から松井先生は弘前まで年に2、3回も来てくださり、精神分析や集団精神療法、音楽療法や精神療法を教わった。叩けば開くものだ。先生は20年以上も津軽に通ってくださった。感謝。

前を向かないと死んでしまう…Have a go. Take a risk.

38歳の時に大腸がんをやった。術後に5年生存率は45%と言われ、その後何となく意気の上がらない日々を過ごしていた。しかし「こんな風に後ろ向きではがんが再発する」「前を向かないと死んでしまう」と思い、自分を「逃げられない」「前向き」の状況に追い込むことにした。そのため、欧州の精神医療を見に行こう、ろくに英会話もできないが、同じ人間だもの、ぶつかっていけば何とかなるさ。

WHOのアドバイザーとしてD・H・クラークが提出した「クラーク勧告」は、私たちにとっては日本の精神医療の針路を示すものだった。これを書いたクラーク博士に会おうと思った。1988年6月、私は41歳だった。同じ病院の親友・薬剤師の石田悟氏と一緒にケンブリッジを訪れた。

クラークは大戦中に英国空軍・空挺部隊の軍医として、高射砲の炸裂する上空から敵陣のドイツに降下したり、日本が占領していたスマトラ島のジャングルにパラシュート降下するなど異色の経歴の持ち主で、ある意味「蛮勇の人」である。しかし会ってみると気遣いの豊かな人だった。彼は「Have a go. Take a risk.」(さあ、飛び込むんだ。リスクを恐れて何ができるか)という言葉を誰彼にサインしていたが、そんな前向き突進型のクラークと、「前に向かないと死んでしまう」私とは初対面で意気投合した。

これが縁で、「精神障害者の就労のための欧州会議」(CEFEC)に入れてもらうこととなり、毎年欧州に通うことになった。

1991年4月、英国のサウサンプトンでの会議。2日目の夜に歓迎パーティーが開かれた。それぞれのテーブルには各国ごとの仲間同士が席を並べて談笑している。私はどのテーブルに座っても独りぼっち。ふと一番末席のテーブルにギリシアの人たちが座っていた。まだEU発足前で、貧しいギリシアの人たちは小さくなっていた。

私は彼らのテーブルを訪ねて「みんな、パーティーの真ん中へ行こうよ」と励ました。かくして奇妙なギリシア手踊りが始まった。しわくちゃの老人のブズーキの「口三味線」に合わせて、ハンカチを振り回して一列になって踊りながら会場中央に向かっていった。

これを見ていた欧州各国の参加者が、面白がってテーブルを離れて私たちの列についてきた。すっかり皆が立ち上がってしまったので、こんどはジェンカをやった。坂本九の「タンタン、タタタタ」のリズムに合わせ、会場は一大ジェンカ大会になった。ああ面白かった。終わって帰るときオランダの精神科医が言った、「お前毎日、日本の病院で踊っているんだろう」と。「もちろーん《オフ・コース》」と私。

さて翌朝のことだ。私は一人で朝食を食べていた。すると、どこの国の誰かもわからない連中が次々と、「モーニン」と言って私の背中をポンと叩いていくではないか。ああ、こうやって国境なんて超えていけるんだなあ。

1930年前後の東北の貧困

青森県の蟹田近くの老人は、「飢饉で外米を買うための現金収入になるのは炭を焼いて売ることだ。しかし県下の山林の7割が官有林で、炭を焼くにも木を現金を払って買わねばならね。食う米も現金もない百姓は途方に暮れている」(『目撃者が語る昭和史』2巻)。

戊申戦争で朝敵となった東北各県は、薩長政府の懲罰的な政策によって国有林比率を高く設定された。このため耕す農地が不足して農家の貧困が生み出され、東北各県は兵隊や都会の労働者の供給基地となり、あるいは満蒙開拓や海外移民へと人々は出かけた。沖縄についても明治政府は差別的懲罰的に国有林比率を高くした。このことは沖縄から海外移民が多いこととつながる。

津軽半島の車力、稲垣などの百姓たちは、布団がなくてワラの中に寝る。一番下に稲のワラを敷き、その上にむしろのように織った萱《かや》を敷き、その上にじかに寝る。そして上には十三潟から取れる水藻で編んだむしろのようなものをかけて寝ている。(同書)

津軽半島のように農民がワラの中で寝る様子を、福島県猪苗代町の会津民俗館で見た。福島県でも津軽半島同様の貧困で百姓はワラの中で寝ていた。

五木ひろしが子どものころ、ワラの中で寝る生活だったと週刊誌で読んだことがある。若狭湾に面した福井県三方郡一帯は貧しかったのだ。貧しい土地には原発が来る。いま若狭湾一帯は原発銀座と呼ばれている。

三池炭鉱CO中毒被害者主婦の会の訴え

あれは1968年のことだった。東京のどこかの会場で、三池炭鉱一酸化炭素(CO)中毒患者主婦の会の訴えを聞いた。最新の設備を有しているから安全だという「安全神話」にもかかわらず、1963年に死者458名を出す爆発事故が起きた。多くのCO中毒が「偽病」として労災補償が打ち切られ、患者は路頭

に迷った

「千鳥足・手の震え・泣きべそ・耳鳴り・物忘れ」「突然気を失う、記憶や知能の低下により作業ができない」「泣いたり、わめいたり、おかしくなり、呼吸困難とともに恐怖感に陥り、「死にたい」とウツになる」「就寝時心臓がバクバクする、血圧も高く、呼吸困難が起きる、出会う人たちが俺のことをにらんでいる」「食事をしていても食べていないと言う、耳鳴り、頭痛、汗かき」「乱暴になる、自分の物と他人の物との区別ができない、食欲がない。方向がわからなくなり道に迷う、いらいらして眠れない。職場復帰不能とされる」「家で暴れるので「夫も子どもも捨てて逃げたい」と妻」。こんな状態の患者が多数発生し、しかし「無病だから仕事に出ろ」「仕事に出れないなら会社をやめろ」と会社側は言った。

このような多彩な症状を持つ夫たちと暮らすお母さんたちから、「皆さんは会社側の医師にならないでください」「必ず患者の側の医師になってください」と言われた。

これを聞いてどういう医師になるか、私の決意は固まった。医師になって50年、今も三池のお母さんたちを忘れない。（前川俊行「「ガス患」と呼ばれて（1）」『追伸』11号よりCO中毒の具体的症状について引用させていただいた。）翌日の新聞に、旧ソ連軍がプラハに侵攻したというニュースが1面を飾った。

がんとの闘い…コンビニで涙ボロボロ

38歳で最初の大腸がんをやったが、私のガンは多重がんといい、何回も繰り返す。大腸がん2回、前立腺がん、肺がん、つい最近は膀胱がん（2022年）。放送作家で参院議員も務めた大橋巨泉はがんを8回やったというから、彼も多重がんだったかもしれない。

東日本大震災の前の年の12月、沖縄戦によるPTSDを見つけた月だが、職員検診でPSA（前立腺ガン腫瘍マーカー、正常値は4未満）がいきなり115という高値を示し、前立腺ガンが確定した。まさに寝耳に水。

少しでも抗がん作用のあるものは何でもやろうと、ホルモン療法、食事療法のほかに、飲尿療法（自分の尿を飲む）、高濃度ビタミンC点滴（保険適用外）、その他沖縄の「がんに効く」というもろもろの発酵製品などの民間療法もやった。自分の尿は、飲んでことさらまずいとか苦いとかいうことはないが、おいしいものではない。しかし少しでも効果があればと思えば不潔感は全くなかった。飲尿療法は野坂昭如や児童精神科医の星野仁彦先生（福島学院大学）の真似だった。ビタミンC点滴は週に2回開業医に通うのだが、1カ月半くらいでやめた。料金が1回2万円超と高いのと、溶血（血球が壊れる）によって黄疸をきたしたからだ。結局、放射性同位元素を含む微小な針を前立腺に封入する小線源治療と放射線の外照射を行い、さらに女性ホルモンの注射を打つことで、PSAはこの10年安定している。

ところがそのころ前立腺以外にもがんがないかどうか調べたら、肺がんらしい影が見つかった。前立腺がんと肺がんとのダブルだ。これはショックだった。

そのころがんの化学療法をやりに内科に毎週通院し、眠れないので私のところにも通っておられた男性Oさんが、「毎週の医者代が高くて通院できない」と言い残して、化学療法をやめて死んだ。私は香典袋を持って彼の家をさがした。宮古島から那覇に出てきて長くバスの運転手をされた人だった。

私も同じ運命をたどると思った。病院との1年ごとの労働契約は毎年3月に更新するが、二つもがんがあれば、病院が再雇用契約してくれないかもしれない。そうなれば、収入がなくなり医療費はバカ高くて、沖縄に永住するつもりで購入したマンションを売って民間アパートに入って経済的に2年もつかどうか。最後は生活保護とがんの障害年金だ、などと考えた。とても悲観的になっていた。

そんな時、毎週水曜の沖縄市での勤務が終わり、帰りがけにコンビニで何かを買った。女性の店員さんがお釣りを何十円か手渡してくれた。そのときだ、わけもなく涙がぼろぼろと出てきた。さっきまで患者さんの困り事をたくさん聞くことはできたのに、今は仕事終わりの安堵感の中にあり泣きたくないのに、わけもなく涙が出た。心の隅っこにあった絶望感が勤務終わって帰り際のコンビニで飛び出して来たのかも知れない。ふだん非定型うつ病の人に「わけもなく涙が出ることはありませんか」と聞くが、それはこのことだった。

他人に言えないここだけの話

古いロシアの革命家、クロポトキンの自伝を読んでいる。面白い。

これに匹敵する面白い体験が私にあるだろうか?と考えると、◇小学生のころ食い物はスイカばかり。道端にウ◯コしたらスイカの芽が出てきた。実はならず。◇羽田空港とモスクワのシェレメチェボ空港で酒飲んでて飛行機出発の呼び出し受けて走った。◇飲み屋街の駐車場で立ち小便してたら暴力団風の男たちに囲まれて怒鳴られて一触即発の事態となり、小便止めて逃げた。◇小学生のころから宿題やらず先生にウソばかりついていた。◇東京の会議の後熊本の友人たちと話が弾み、24時を回ってからホテルに行ったら「連絡ないのでキャンセル」されてて、冬の2月に地下街で眠った。朝の5時から山手線に乗って2時間くらい眠り続けた。◇初めて北欧を訪ねた時、最初のホテル1泊だけ予約してあり、明日のホテルがない。公園の草むらで寝ようかと思ったが11月のオスロは寒い。そこで夏の白夜観光基地で、冬には誰も行かない北緯70度の土地のトロムセのホテルに予約を取った。ノルウェー語の分厚い電話帳でやっとホテルを見つけて飛行機で2時間かけて行った。アムンゼンの銅像が立っていた。白い雪と夜景のきれいな街だった。トロムセ大学は季節性うつ病の研究では世界的に有名と後で知った。

中国残留帰国日本人の人たち

5、6年前、東京の中国残留帰国者支援センターからお声がかかり、相談員の皆さんに講義をしたり、帰国2世の方々との話し合い、支援する人の相談に乗ったりしている。帰国1世の人は、日本が敗戦を受け入れたとき、日本政府から「君たちは帰国しても食料がない。現地に定着して生きていくように」と「棄民又は難民」とされた人たちである。彼らはソ連が攻めて来るので歩いて、幸運な人は貨車に乗って逃げた。大きな川を渡りきれなくて流された人や、小さい子どもを現地の中国人に預けて逃げたり、ロシア兵に強姦されたり、集団自決をしたりと、過酷な運命に襲われた。作詞家のなかにし礼、歌手の加藤登紀子もその一員だ。

子どものときに中国人の家庭に引き取られ、中国語で育ち、文化大革命では「日本鬼子」とはやし立てられ、やっと自分が日本人だとわかっても、すでに中国で家庭を持っているなどして帰国をあきらめた方々はずいぶんたくさんおられるに違いない。

運が良く日本に帰国した人も3割は日本語の日常会話ができない。帰国1世は高齢化していて、認知症や幻覚症に苦しんでいて子どもたちが対応に苦労している。精神科医に受診しようにも、中国語を通訳してくれる人がいないと不可能だ。

さて、最近久しぶりに仙台の中国食堂「長城」を訪ねた。そうしたら中国残留日本人2世の劉さん楊さん夫婦が22年もやってきた食堂を、10月25日で閉店するという。劉さんのお母さんが認知症になり、お父さんが歩けなくなった。劉さんのお母さんの家族は青森県から満蒙開拓団で大陸に渡り、敗戦時の混乱の中で、食べ物と引き換えに中国人の養女になった。

ケアの行き届いた高齢者施設を探そうとしたが、お二人とも日本語がほとんどできず施設をあきらめた。だから食堂をやめて劉さん楊さんが介護するのだという。お二人とも、何と悔しいだろう。ずっと親しくしてきたので、私には大ショック。国策として華々しく進められた満蒙開拓団や中国残留日本人のケアは、国がなんとか助けてほしい。

日本人は朝鮮戦争や済州島4・3事件の当事者

これまで訪韓した回数を調べたら合計6回だった。2012年ごろ沖縄戦・精神保健研究会の仲間数人と韓国の「元従軍慰安婦」の方たちを訪ねた。「身体が痛い」(身体表現性障害)、動悸や不眠などの訴えのほか、強制的な性行為を頻回に繰り返された結果、股関節が壊れてうまく歩けない方もおられた。時間の隙間を見つけて西大門刑務所跡を訪れた。日本による朝鮮植民地化に抵抗した男女を収監し、拷問した場所。周りに日本人は私ひとりだけ。誰に殴られても文句は言うまいと自分に言い聞かせた。

２０１５年に大阪のＯさんに案内して戴いて済州島４・３事件慰霊祭に参加した。戦時中、大本営は「本土」防衛のために沖縄を捨て石として時間かせぎの地上戦を行ったが、済州島も沖縄同様に捨て石として、ここで米軍との地上戦を行うことを想定していた。３万人の島民が殺されるという済州島４・３事件について日本とのかかわりを考えると、島民虐殺に加わった側の警察や韓国軍、李承晩支持者らの多くは戦前に日本軍が育ててきた人々であった。いずれにせよ日本が朝鮮を植民地化しなければ、この大虐殺事件は起きなかった。敗戦とともに日本軍は撤退し、空白となった朝鮮半島はいきなり東西冷戦の暴風にさらされ、やがて同じ民族を二分する悲惨な朝鮮戦争となる。日本は、と言えば米軍の後方兵站基地となって朝鮮特需によって経済復興を成し遂げた。しかし、それまで日本の植民地として辛酸をなめてきた朝鮮半島の人々は、今度は「戦争の前線」に立たされ、南北朝鮮、中国軍、米軍その他合わせて74万人もの兵士が死に、１６７万人の民間人が亡くなった。このような朝鮮の人々の悲惨な体験の原因として、日本による朝鮮植民地化と、日本が引き起こした第二次世界大戦とが関与している。

済州島には、今もＰＴＳＤなどに苦しむ人がたくさんいる。最近、拙著『沖縄戦と心の傷』を済州大学の先生が翻訳してくださり、済州４・３平和財団から出版されると聞いて嬉しい。

２０１８年に単身で38度線を訪ねた。この時はオドゥサン展望台その他を案内するガイドツアーに申し込んだが、私のほかに参加者がなく、ガイドの趙さんを独占して話を聞けた。趙さんは30代前半の細身の寡黙な若者。

展望台の喫茶店で趙さんと南北統一について話し合った。趙さんいわく、もちろん南北統一できたらいいが、北の国の人たちの生活水準を上げ、その他の生活インフラを拡充するには莫大な金がかかる。それよりも自分たち韓国の若者の生活困難をなんとかしてほしい。そして自分は文在寅大統領を支持しないと教えてくれた。趙さんの話からは、韓国の若者世代がいま闘っているのだろうと思った。しかし夢ではあるが南北朝鮮が統一できたなら、人口7500万の国家ができ、南は自動車産業を筆頭に世界的に卓越した製造技術があり、北には地球の3分の2と推定されるレアアースと、その他の鉱物資源が眠っている。そんな統一国家が出現したら、日本は中国、米国、統一朝鮮などの谷間の中で置いていかれると思う。

最近の毎日新聞でソウル大学の南教授の主張を読んで共感した（毎日新聞「論点」2022・9・30）。私はEUに似た平和な東アジア共同体が実現したらいいと考えている。しかし現実には、東アジアは東西冷戦という構造によって分断されている。この対立は解消されるべきだが、現実には日本が沖縄の重基地化を軸として「基地＆後方兵站部」の役割を負い、韓国が「最前線の戦闘」の役割を担っている。だから南教授は、日本人は冷戦構造の「前線にいる韓国」の負担や不安に思いをはせるべきであると。そして「日本人は（休戦体制にある）朝鮮戦争の当事者であることを認識すべきである」と言う。

確かにそうだ。万万が一、朝鮮戦争が再発したとするなら、日本は相変わらず後方基地として朝鮮特需にウツツを抜かしていてはいけない。今から、朝鮮戦争の終結に向けて独自の努力を重ねるべきである。南教授は言う、「日本は東アジアの戦争をどう止めようとしているのかという点について思考停止している」と。

回復とは病気になる前に戻ることではない

病気が回復するということは、病気になる前に戻ることではない。病気になる前の自分に戻ったらまた病気になるではないか。つまりうつ病でも統合失調症でも、「対人関係上のストレスやその他の困難」に押しつぶされて発生するのだから、主要な問題は「対人関係上のストレスやその他の困難」をうまく切り抜ける技術や能力を訓練して一回り成熟した生き方に自分を変えることだ。抗うつ剤の効果は、うつ病症状が100としたら30–60％くらいしか改善させない。だから薬以外の40―70％（つまりストレスや困難を切り抜ける技術や能力）を訓練して上手にストレスを乗り越えられるように自己修正しないとうつ病は治らない。

十数年前に沖縄県薬剤師会が全県から関係者を集めた集会で、以上のような話をしたことがある。終わって出てくるときある女性が「うつ病で悪いか」と開き直ることですよね、と言った。そうなのだ。うつ病だから恥ずかしいなどと言っているうちは絶対治らない。

手術場の優秀な神谷看護婦さんが、同僚と折り合い悪くうつ病になった。およそ1年休職した後、彼女に与えられた仕事は、健診センターでファイルを作りホチキスで止める仕事だった。涙ながらに「自分が何でこんな仕事をしなきゃいけないのか」「自分は看護婦なのに」と訴えた。私は言った、「手術場の仕事に比べればホチキス打つのは簡単すぎる。しかし今のあなたに必要なのは、かりに給料泥棒と言われても仕事にしがみついて、息子たち二人を卒業させることだ」と。そして「韓信の股くぐり」のたとえを教えた。つい4、5年前のことだ。毎月沖縄でやっている研究会で私を待っていて「言われたように給料泥棒のつもりで定年まで勤めました。息子二人も看護師になって就職し、自分もホチキスの仕事の傍ら写真クラブに入って県展で入賞しました」と。それ以来、私は「韓信の股くぐりか神谷のホチキスか」と言ってあちこちで話している。つくづく「うつ病で悪いか」だ。

「韓信の股くぐり」とは、若い時にならず者に真剣勝負しないかと言いがかりをつけられたが、韓信は断った。すると相手は「卑怯者め。勝負しないなら俺の股をくぐれ」と言ってきたので、彼は侮辱に耐えて相手の股をくぐった」という故事。後年に韓信は中国で指折りの武将になった。もしも真剣勝負していたら死んでいたかもしれない。死ぬより股をくぐる方がいい。

本土は戦場にならず、島が戦場になる

1993年4月に、ケンブリッジ大学で「島の戦争研究会」(war of island; memory of war) が開かれた。事務局長を務めてくださったのは考古学を教える女性でジリー・カー。大国同士が戦争をする場合には、しばしば僻地と僻地が戦場になる。本土決戦のための時間稼ぎと言われた沖縄戦だが、本土 (mainland=メインランド) は戦場にならず、沖縄という島 (island=アイランド) が戦場となった。

これは2022年8月の話だが、台湾海峡をめぐる軍事的緊張が高まっている。対中国戦を念頭に置く米国にしてみれば、沖縄や日本は〈island〉であり、〈mainland〉である米国本土に戦争被害は及ばない。他方で北京政府も台湾は遠隔地であり、北京にミサイルが飛んでこない限り、台湾海峡の緊張は直接的な被害ではない。つまり台湾及び台湾海峡、さらに琉球列島は米中対決の代理戦闘の場と想定されている。東京のメディアは盛んに「中国が沖縄を攻撃する」と言うが、その際の戦場は〈island〉である沖縄であって〈mainland〉である東京は戦場にならない。このようにいつも犠牲になるのは〈island〉なのだ。こういう戦争の構造について考えることがこの研究会の目的の一つだった。

この研究会に「島の戦争」の典型である沖縄戦の様子と、晩年に発症したPTSDについて報告した。これは沖縄戦とそのPTSDについて世界に向けて初めての報告だった。欧州の人たちはとてもショックを受けていた。欧州で地中海や北海の島の戦争の研究をしている人々に対して、初めて知った沖縄戦の様子は衝撃的であったに違いない。補給艦を入れれば55万人の米国兵に対して7万人の正規兵と2万人の現地兵との戦闘はあまりにも残酷だった。

この研究会は30人くらいの小さな集まりだったが、沖縄から高里鈴代さんや宮城晴美さんその他の研究会の仲間と、統合失調症の診断で私の外来に通院しておられたT君も同行していた。

あえて通院中のT君を誘ったのには理由がある。それが病気にであれ、人格にであれ、新しい体験はきっと役に立ち、彼のためになるだろうと。

彼は私のもとに来られるまでは、知らない人がたくさん集まっていれば、自分に対して敵なのか味方なのかをまず考える人だった。その彼が研究会前夜の懇親会で、沖縄空手の演武を演じて見せた。さらには私も行ったことのない大英博物館に一人で行ってきた。ロンドンの中華街で空心菜（ウンチェ）を見つけて、二人で食堂に入って激辛の野菜炒めを食べた。ロンドン塔とタワーブリッジとテムズ河畔を散歩して、同行した沖縄のNさんと3人でガード下のパブに入って時を過ごした。彼はますます元気だ。

あとがき　生まれた時から向かい風

あれは2013年のことだった。沖縄の病院を辞めて仙台に引越し、新しい相馬の職場に仙台駅前からバスで通勤していた。ある日の帰り、バスが仙台に着いた。乗客はみんな無口で横断歩道を急ぐ。私は走って信号を渡ろうとしたが、足がもつれてばったり倒れ眼鏡がふっとんだ。私をよけて過ぎて行く人の足の先に眼鏡を見つけ、腹ばいのままそれを拾った。なぜか涙がボロボロとこぼれた。

永住しようと定めた沖縄を心ならずも離れてしまった。子ども時代の福井から弘前、沖縄、そしていま仙台と相馬、自分の人生はどこかに迷い込んだのだろうか、私の故郷は一体どこなのか。そんな思いが押し寄せた。

思えば原発事故で避難した人たちは、まさにこんな思いで故郷を後にし、知らない土地で涙し、今も狂おしいほどに故郷を思い続けているに違いない。

もう5年以上も前になるが、原発事故で会津に避難し、その後南相馬市の高校にいたマッキーこと佐藤真喜子さんが当院に通っておられた。「これからどう生きるか」と言う彼女に、「マッキーよ、山賊になって自分の生は自分で盗んでくるのだぞ」と言った。するとマッキーは「いえ私は海賊になります。世界の海をまたにかけたいから」と言ったっけ。そんなマッキーと二人で震災体験を本にしようということになった。

やがてマッキーは大学を卒業し、東京の演劇グループに通いながら、故郷の大熊町に両親と一緒に帰還した。原発爆発の時、マッキーは自衛隊のトラックで避難所に逃げたが、行く先々で「除染してないから」と断られた。昨日まで同じ土地に住んでいた人々から拒絶され、「まさかの少数派」に転落したのだ。おそらくはこのことがあってから、マッキーは、「原発で避難している人もそうでない人も、原発被災地の人もそうでない人も、今の不安の時代にあって、一瞬でもつながりあって、楽しんだり語ったりできる時間を大切にしよう」と思ったのかもしれない。それは精神医学の言葉で「いま、ここで」(here and now)の体験という。彼女が情熱を注ぐ演劇の目的こそ、まさに「いま、ここで」に違いない。

ところでこの本では、通院している方々に当事者の体験談を書いていただいた。児童期からの虐待や性暴力、児童期の逆境体験、ヤングケアラー、成人してからの親の支配、そして原発事故からの避難まで幅広い。この部分がこの本の核心である。この当事者の記載は、後世にわたって人々にお役に立つはずである。

当事者体験を書いていただいたヤングケアラーだった杉山兄妹から最近聞いた。中学生の頃から病身の母の介護や買い物、炊事、洗濯に明け暮れ学校に行けなかった。未来の夢や希望などは彼ら兄妹の頭にはなく、まったく無縁な言葉だった。自分たちの境遇がよもや児童虐待であるとは考えず、むしろいつも自分を責めていた。何度も自殺を図ったが、その都度ただ苦しく涙だけが流れた。19歳の時に母が亡くなり、やっと母の介護から解放された時、「この世には死ぬこと以外の別の選択があるかも知れない」と思ったという。そして死のうという考えをやめた。ネットで探し当てて、義父に隠れて当院に受診した。診察後に受け取った薬を飲んで「こんなに眠れた」ことに感動したと言う。そののち義父とのアパートを脱出し、新たにアパートを借りて生活保護を受給することに成功した。

「この世には死ぬこと以外の別の選択がある」と思った時の気持ちを彼らに聞いた。彼らには毎日の「生きる」を手繰り寄せる努力で精いっぱいで、「生きる理屈」なぞ考えている暇はなかったという。

児童期逆境体験（ACE）について、その後岩手医大児童精神科の八木淳子先生から、『そだちの科学―逆境体験とそだち特集号』（2022年10月、39号）を薦められた。これは米国の研究に日本の頭脳が再検討を加えた優れものだ。そもそも児童に逆境を強いる家族が「逆境」そのものだと指摘する。そして経済的困窮や破産、家族の自殺、子どもの貧困、家族の人間関係の不全、大災害後のコミュニティの崩壊と、引っ越しや学校のいじめなどの「多彩な逆境」を視野に入れて子どもの問題を考えようという。この特集号で取り上げられた「多彩な逆境」について実際の体験を、本書の第Ⅱ章「当事者の語りから」94―177頁）に書いていただいた。この章がこの本のクライマックスである。

PTSDとは、木に砲弾などの強い衝撃が加わって枝が折れることだとすると、児童期の逆境体験とは子どもが育っていく揺りかごそのものが破壊され、子どもの成長に必要な自信や栄養や母親体験などを得られない状況だと言える。私の仲間たちも、「お前なんか生まれてこなければよかった」との母親からの絶望的な言葉を抱え、未来に何の希望もない時に、どうにかして明日を手繰り寄せて生きていくことがいかに大変だっただろう。彼らは「生まれた時から向かい風」だった。

そして翻って見ると、相馬で臨床を行っていて「生まれた時から向かい風」という人がどれほどたくさんおられることか。大震災以後、特に福島県浜通りで児童虐待と若者の自殺は激増している。「生まれた時からの向かい風」は、被災地に吹きわたっている。そもそも生きることはつらいことだ。生きることが幸福だなんて誰が言ったのだ。

今年、第169回の芥川賞に重度の身体障害をもつ市川紗央さんが選ばれた。彼女は14歳から人工呼吸器を使い、電動車いすで移動し、姿勢が保てないので仰向けになってタブレットで小説を書く。そして「私は紙の本を憎んでいた。目が見えること、本が持てること、ページがめくれること、読書姿勢が保《たも》てること、書店へ自由に買いに行けること」「その特権性に気づかない「本好き」たちの無知な傲慢《ごうまん》さを憎んでいた」と語る。私は市川さんの「健常者の無知を憎む」という言葉に感銘を受けた。世の中が「狂っていく」中で、私たちも市川さんのように不条理を憎み続けよう。もっと憎み、悲しみ、怒ろう。ふやけた善意や同情などいらない。

歩く先に希望があるかもしれないし、ないかもしれない。しかし私たちはまっすぐに生きよう。

この本を上梓するにあたり、自分の苦しい体験を世の中を良くするために開陳してくださった仲間たちに感謝します。さらに、東谷幸政さん、機動戦士ガンダムの生みの親の安彦良和君、トラウマに造詣の深い岩井圭司先生、そして何よりも福島県の皆様に感謝します。5年もの間この企画を抱えてくださった風媒社の劉永昇さんに何よりも感謝いたします。

２０２３年７月

著者

［著者略歴］
蟻塚亮二（ありつか　りょうじ）
精神科医
1947年福井県生まれ。72年、弘前大学医学部卒業。85年から97年まで、青森県弘前市の藤代健生病院院長を務めた後、2004年から13年まで沖縄県那覇市の沖縄協同病院などに勤務。13年から福島県相馬市の「メンタルクリニックなごみ」院長を務める。
著書に『うつ病を体験した精神科医の処方せん』（大月書店、2005年）、『統合失調症とのつきあい方』（大月書店、2007年）、『沖縄戦と心の傷　トラウマ診療の現場から』（大月書店、2014年）、『戦争とこころ』（沖縄タイムス、2017年、分担執筆）、『助けてが言えない』（日本評論社、2019年、共著）『戦争と文化的トラウマ』（日本評論社、2023年、分担執筆）、など。

悲しむことは生きること　原発事故とPTSD

2023年9月 9日　第1刷発行　（定価はカバーに表示してあります）
2024年4月30日　第2刷発行

著　者　　蟻塚　亮二

発行者　　山口　　章

発行所　名古屋市中区大須 1-16-29
振替 00880-5-5616 電話 052-218-7808　風媒社
http://www.fubaisha.com/

＊印刷・製本／モリモト印刷　　乱丁本・落丁本はお取り替えいたします。
ISBN978-4-8331-1153-9